나는 내가 — 행복했으면 좋겠어

이미 충분히 행복하지만 행복한 줄 모르는 사람들에게

나는 내가 행복했으면 좋겠어

앨릭스 파머 지음 ㅡ 구세희 옮김

포레스트북스

차례

Chapter 1.

행복은 도대체 어디에 있을까

불안과 불확실성의 시대를 사는 우리는 매일 좀 더 행복해지기 위한 방법을 찾고 있다. 미국인 여섯 명 중 한 명은 항우울제를 복용하며, 술 판매량도 몇 년 동안 꾸준히 늘었다. 귀여운 아기 염소가 등장하는 동영상이 폭발적인 인기를 얻고 있기도 하다. 하지만 이 중 어떤 것도 우리를 완전하게 행복하게 해주지는 못한다.

모두가 각자의 삶에 행복을 조금이라도 더 늘릴 방법을 찾고 있다는 건 놀랄 일이 아니다. 사람들은 누구나 스트레스를 덜 받고 자주 웃는 방법을 알고 싶어 한다. 데이트를 더욱더 즐겁게 만드는 방법도 알고 싶고, 어떤 식물이 기분을 좋아지게 하는지도 궁금하다.

행복은 도대체 어디에 있을까. 비교적 부유하게 사는 사람들조차 물질적인 성공이 반드시 오래 지속하는 행복감으로 이어지는 건 아니라고 말한다.

이처럼 행복해지고 싶어 하는 사람들의 수요가 증가하자 이를 충족시키기 위한 공급도 덩달아 많아졌다. 기분을 좋아지게 하고 감동을 주는 감성 콘텐츠부터 심층 과학 연구에 이르기까지, 행복은 하나의 거대한 산업이 되었다. 그러다 보니 정보의 양이 지나치게 많아졌고, 결국 평범한 사람은 감당하기 어려울 정도가 됐다.

너나없이 바쁜 세상이다. 따라서 어려운 과학 용어나 비현실적인 조언 말고 일상에 활력을 불어넣어 줄 간단한 비결이 필요하다. 특히 매일 스트레스에 시달리거나 삶이 불만족스럽다면 행복해지는 데 도움이 될 합리적이고 실행 가능한, 무엇보다도 재미있는 비결을 원할 것이다. 그것이 바로 이 책에서 당신에게 제공하고자 하는 바다. 읽어나가다 보면 어디선가 들어본 듯한 것들도 있겠지만, 대부분은 당신을 놀라게 하고 습관과 일상을 새로운 눈으로 바라보게 해 줄 것이다.

그 전에 한 가지 짚고 넘어갈 점이 있다. 나는 과학자도 학자도 아니며, 이 책은 행복에 관해 이미 세상에 나와 있는 어마어마한 양의 연구 결과를 뭉뚱그린 가이드북도 아니다. 오로지 당신이 조금 더 활기차게 살 수 있도록, 하루에 몇 번이라도 더 웃을 수 있도록 일상에서 바로 써먹을 수 있는 방법들을 담았다. 나는 엄청난 양의 데이터를 파헤치고, 심리학자·과학자·행복 전문가들을 인터뷰하면서 행복을 더 많이 느끼는 방법에 대해 가장 놀랍고도 유용한 사실을 몇 가지 찾아냈다.

본격적인 시작에 앞서 행복이란 무엇인지부터 정확히 알아보자.

행복은 신이 내린 행운일까

이것은 플라톤platon부터 현대인에 이르기까지 누구나 고민해본 적 있는 질문이고, 그 답은 질문을 던지는 사람의 수만큼이나 다양하다. '행복happiness'이라는 단어는 '특히 좋은 결과로 이어지는 우연happenstance'이나 '무계획적인, 되는 대로의haphazard' 같은 단어처럼 '운'을 뜻하는 단어에서 나왔다. 계몽주의 시대 이전만 해도 사람들은 누군가가 행복감을 느끼느냐 그렇지 못하느냐를 신이 내리는 행운의 문제로 여겼다. 이것도 어느 정도는 사실이다. 실제 몇몇 연구에서는 행복이 유전적이거나 타고난 성격에 달려 있다는 결과가 나왔기 때문이다. 이 같은 주장의 대척점에는 행복을 하나의 등식으로 요약할 수 있다고 믿는 이들도 있다. 뇌의 특정 부위에 어느 정도의 도파민 자극이 더해지면, '짜잔!' 하고 행복이 느껴진다고 말이다. 이 질문을 파고든 많은 이들은 행복의 진실이 두 가지 주장 사이 어딘가에 있다고 믿는다.

학자들은 '행복이란 무엇인가?'라는 질문에 발음하기조차 힘든 두 개의 단어로 답했다. 하나는 쾌락이라는 뜻을 가진 '헤도니아hedonia'이고 다른 하나는 행복이라는 뜻을 가진 '에우다이모니아eudaimonia'다. 헤도니아, 즉 쾌락적인 행복은 즐거움을 최대화하고 고통을 최소화하는 것으로 일시적이거나 피상적이라는 특징을 갖는다. 쉽게 말하면 아주 맛있는 음식을 배불리 먹었을 때 또는 운동을 하고 난 뒤나 성공적인 데이트를 즐긴 뒤에 느끼는 만족감처럼 기쁨과 즐거움을 주는 것을 말한다.

그러나 비평가들은 즐거움을 키우고 고통을 줄이는 것만으로는 진정한 의미의 행복을 얻을 수 없다고 지적한다. 이들은 또 다른 행복의 정의인 에우다이모니아적 행복을 추구한다. 자신의 행동이 개인적 목표와 가치관에 부합하고 사회적 공익에도 이바지한다고 느끼는 광범위한 심리적 행복감을 말한다. 이는 아리스토텔레스Aristoteles가 『니코마코스 윤리학』에서 덧없는 즐거움의 느낌보다 풍요롭고 충만한 삶으로 정의한 개념이기도 하다. 그에 따르면, '한 마리 제비나 화창한 하루가 봄을 가져오는 게 아닌 것처럼 단 하루나 짧은 기간의 즐거움이 사람에게 복을 내리거나 행복하게 하지는 못한다'는 것이다.

짧지만 강렬한 행복: 헤도니아

두 가지 형태의 행복 모두 우리에게 미소를 가져다주긴 하지만, 너무나 뚜렷하게 다른 성취감으로 이어진다. 무엇이 이처럼 서로 다른 행복감을 가져오는지 과학적인 관점에서 평가할 때는 측정 방식과 기준 역시 서로 달라야 한다.

일반적으로 헤도니아, 즉 쾌락적 행복은 사치스러운 생활을 즐기고 각종 비행을 일삼는 난봉꾼을 떠올리게 하지만, 행복 연구 측면에서는 단순히 신체적 즐거움만을 뜻하지 않는다. 한 사람이 삶에서 느낄 수 있는 광범위한 긍정적 또는 부정적 측면에 대한 느낌을 포함하며, 그 과정에서 얻는 주관적인 행복감으로 요약할 수 있다.

일리노이 대학교 어바나-샘페인 캠퍼스의 심리학 교수 에드워드 F. 디너Edward F. Diener는 이 주관적인 행복감을 첫째 삶의 만족감, 둘째 긍정적인 기분, 셋째 부정적인 기분의 부재라는 세 가지 요소의 결합으로 본다.

그에 따르면, 개인의 행복 정도를 이 세 가지로 계산할 수 있다. 그는 여러 유형의 행복을 분석하기 위해 세 가지 척도를 추가로 개발했다. 첫 번째가 긍정 및 부정적 경험의 척도로, 더욱 즉각적인 긍정적 또는 부정적 기분을 측정한다. 두 번째는 삶의 만족 척도로, 그 사람의 전반적인 인생관에 대한 질문을 던진다. 마지막으로 세 번째인 번영 척도인데, 인간관계나 자존감 같은 분야에서 스스로 판단한 성공 정도를 측정하는 여덟 개 항목으로 구성되어 있다.

오랫동안 지속되는 삶의 만족감: 에우다이모니아

한편, 에우다이모니아의 시각에 따르면 맛있는 음식이나 운동 같은 형태로 즉각적인 욕구를 충족한다고 해도 진정한 장기적 행복으로 이어지지는 않는다. 발달심리학자 앨런 워터먼Alan Water-man이 지적한 것처럼 에우다이모니아적 행복이란 '인생에서 갈망하고 가질 가치가 있다고 여겨지는 것으로 나아가는 상태'다. '달리기'를 예로 든다면, 연습을 빼먹고 햄버거를 사 먹기 좋아하는 아마추어 러너보다 꾸준히 연습하는 마라톤 선수가 장기적으로 더 높은 행복 수준을 달성할 수 있다는 뜻이다.

한편 워터먼은 200명이 넘는 대학생을 대상으로 한 연구에서 '행복'을 개인적인 표현으로 서술했을 때도 둘 사이에 차이가 있음을 발견했다. 이른바 에우다이모니아적 행복은 도전 의식, 유능감, 자기주장 등과 밀접하게 연관된 반면 쾌락적 즐거움을 추구하는 사람들은 조금 더 느긋하고, 스스로 만족하며, 들뜬 상태로 시간을 보내는 것과 관련이 있었다.

이처럼 행복은 단순한 개념과는 거리가 멀다. 결과적으로 행복은 광범위한 기분, 감정, 감각, 특성이라 할 수 있으며 각각은 그 나름의 장단점을 갖는다.

행복은 유전으로 결정되지 않는다

당신의 행복감을 잠시만이라도 높여줄 수 없다면 사실 이 책이나 거대한 행복 산업은 존재할 가치가 없다. 그런데 학자들은 개인이 느끼는 행복감은 유전적 요인이 상당한 역할을 한다는 사실을 알아냈다. 예를 들면 일란성 쌍둥이는 이란성 쌍둥이보다 행복감의 정도가 더 비슷한 것으로 밝혀졌다.

이처럼 행복은 일부 유전적일 뿐 아니라 평생 거의 비슷하게 유지되는 성격적 특성이기도 하다. 4만 명 이상의 성인을 조사한 메타 분석(동일하거나 유사한 주제의 많은 연구물의 결과를 객관적이고 계량적으로 종합하여 고찰하는 연구 방법-옮긴이)에 따르면 주관적 안정감과 삶의 만족도, 행복은 성격을 바탕으로 상당 부분 예측할 수 있다고 한다. 그러니 '밝은 성격'이라는 말은 괜히 있는 것이 아니다. 실제로도 쾌활하거나, 우울하거나, 조용히 삶을 즐기는 경향 등은 타고나는 것이다.

이렇듯 우리의 행복 수준 중 상당 부분이 우리 힘으로 바꾸기 어려운 것들에 좌우되지만, 삶에 기쁨이 부족하다고 해서 반드시 절망할 필요는 없다. 캘리포니아 대학교 리버사이드 캠퍼스의 심리학 교수이자 행복 전문가 소냐 류보머스키

Sonja Lyubomirsky가 요약한 자료에 따르면, 행복의 약 50퍼센트는 유전적으로 타고나고, 10퍼센트는 현재 상황과 직접 관련되어 있다고 한다. 그리고 나머지 40퍼센트는 자신의 힘으로 바꿀 수 있다. 그 40퍼센트가 바로 꽤 잘 사는 것과 매우 잘 사는 것, 비참한 기분과 그럭저럭 괜찮은 기분을 좌우하는 것이다. 그리고 이 40퍼센트는 업무 습관, 친구 및 배우자와의 의사소통 방식, 집 안 인테리어 등을 바꾸는 것만으로도 크게 변화할 수 있다.

이제 이 40퍼센트에 긍정적인 영향을 미칠 수 있는 과학적인 방법들을 구체적으로 알아보자.

Chapter 2.

회사 안에서도 충분히 즐거울 수 있다

불행에는 돈이 많이 든다. 미국의 여론조사 기관인 갤럽에 따르면, 불행이 미국 국민에게 끼치는 손해는 생산성 손실 측면에서 연간 3000억 달러에 달한다고 한다.

왜 그럴까? 삶에 대한 높은 만족도나 쾌활한 기질은 실제로 일터에서 업무를 더 잘 수행하게 해주고, 승진 가능성을 높여주며, 중간에 그만둘 가능성을 낮춰준다. 공무원들을 대상으로 진행한 한 연구에서는 행복한 사람들이 더 생산성이 높고, 행복한 기분을 느낄 때 더욱 생산적으로 일한다는 사실이 밝혀졌다. 영국 워릭 대학교에서 실시한 또 다른 연구에서는 여기에 상세한 수치도 추가했다. 행복감은 생산성을 12퍼센트 높여주지만, 불행하다고 느끼는 사람들은 행복하다고 느끼는 사람들에 비해 생산성이 10퍼센트 떨어졌다. 매출은 어떨까? 행복하다고 느끼는 사람들이 창출하는 매출액은 그렇지 않은 사람들보다 37퍼센트나 더 높았다. 그렇다면 창의성은? 무려 세 배나 차이가 난다.

이를 증명하는 실험 결과는 여기에서 그치지 않는다. 긍정심리학 분야에서 저명한 학자들의 연구 보고서 225건을 가지고 실시한 메타 분석에서도 삶의 만족도와 사업 및 업무 결과물 사이의 직접적인 인과관계가 발견되었다.

하지만 일터에서 행복감을 느끼기란 말처럼 쉽지만은 않다. 당신이 자기 일을 사랑한다고 하더라도 무언가 마음에 안 드는 점은 분명히 있을 것이다. 출퇴근이 오래 걸린다거나, 칭찬받아 마땅한 공을 상사가 인정해주지 않는다거나, 옆자리 동료가 쩝쩝거리며 식사를 할 수도 있으니 말이다. 아침이면 열의에 가득 차 일에 뛰어들었다가도 오후가 되면 집중력을 유지하는 것조차 힘들지도 모른다. 또 지금 일을 아무리 잘하고 있어도 머릿속 어딘가에서는 다른 일을 하면 조금 더 행복해지지 않을까, 지금보다 더 높은 보수를 받아야 하는 것은 아닌가 같은 생각이 수시로 고개를 들 것이다.

이유가 무엇이든, 당신도 일터로 가면서 어깨춤을 들썩일 수 없는 대다수 사람 중 한 명이라면 지금부터 소개하는 '일터에서 행복감을 높이는 방법'을 잘 살펴보기 바란다.

좋아하는 일을 하면 행복해질까

누구나 가끔 자신에게 던져야 하는 기본적인 질문이다. 자신의 핵심 가치관과 긴밀히 연결되거나, 심리학자들이 '자기 일치적'이라 부르는 업무상 목표를 추구하는 사람은 일터에서 만족감을 얻고 업무를 잘 수행할 가능성이 높다. 자신의 관심사와 비슷한 목표를 추구하는 사람들은 그 목표를 달성하는 데 더욱 지속적으로 노력을 기울이고, 그 목표를 달성했을 때 더 큰 행복감을 느낀다는 연구 결과도 있다.

이러한 결과를 발표한 연구팀은 169명의 학생에게 해당 학기에 추구하고자 하는 개인적인 목표 열 개를 적게 했다. 그런 다음 목표 추구에서 오는 즐거움과 기쁨 등 각각의 목표를 정한 이유에 1부터 10까지 순위를 매기게 했다. 학생들은 그 학기 동안 열 개의 목표에 얼마나 많은 노력을 기울이고 있는지 기록하고, 각각의 진행 과정에 점수를 매겼다. 그 결과를 분석하자, 학생들이 정한 자기 일치적인 목표는 노력과 성취 여부 사이에 긍정적인 상관관계가 나타났다. 또한 자기 일치적인 목표를 달성한 학생들은 외부 압력에 의해 정해진 목표를 추구한 학생들에 비해 더 큰 행복감을 느꼈다.

당신이 현재 맡은 프로젝트가 있다면 그것을 왜 진행하고 있는지, 지금 하는 일을 왜 하고 있는지 스스로 물어보라. 그 일을 사랑해서 또는 자신의 정체성과 일치한다고 느껴서가 아니라면, 결국 하기 싫은데 억지로 하는 일이 될 것이다.

중요한 건 연봉이 아니다

당신이 일터에서 삶의 어떤 의미를 찾고 있든, 이것만은 확실하다. 돈을 위해 하는 일은 행복을 가져다주지 못한다는 점이다. 이미 수많은 연구에서 연봉과 행복감 사이에는 아무런 상관관계도 없다는 사실이 증명되었다. 미국에서 가장 부유한 사람들을 조사했을 때 그들의 행복 지수는 놀랍게도 아미시(현대 기술 문명을 거부하고 소박한 농경 생활을 하는 미국의 종교 집단-옮긴이)들의 지수와 비슷하게 나타났다. 《포브스》에서 발표한 미국의 400대 부호들에 대한 또 다른 연구에서도 마찬가지 결론을 얻었다. 동아프리카에 사는 마사이족, 즉 전기도 수도도 없이 진흙으로 지은 오두막집에서 수렵과 채집으로만 살아가는 사람들보다 그 갑부들이 아주 조금 더 행복할 뿐이라는 것이다. 수천 쌍의 쌍둥이를 대상으로 한 조사에서도 수입이 행복감의 차이에 기여하는 정도는 2퍼센트도 채 되지 않는 것으로 밝혀졌다.

연봉은 어림잡아 8만 달러 정도면 충분하다. 여러 연구에 따르면 수입이 연평균 7만 5000달러에 도달했을 때 '행복감 정체기'에 접어든다고 한다. 매년 수백만 달러를 버는 사람이라면 좋은 물건을 살 수 있을지는 몰라도 어마어마하게 높은 연봉에 상응하는 행복감을 누릴 수 있는 건 아니라는 뜻이다. 그러니 만약 일터에서 행복을 찾고 싶다면, 더 많은 돈을 버는 데 중점을 두지 마라. 월급봉투가 두둑해진다고 해서 더 활짝 웃을 수 있는 건 아니니 말이다.

그런데 행복감이 연봉과 상관관계를 가질 때도 있다. 바로 비슷한 수준에 있는 직장 동료와 비교했을 때다. 5000명의 영국 근로자를 대상으로 한 조사에서 자신보다 돈을 적게 버는 사람들과 비교했을 때는 만족감이 높게 나타났다. 이 연구에서 찾아낸 또 다른 결과가 있다. 절대적인 액수로는 그 사람의 행복감을 예측할 수 없지만, 교육 수준으로는 가능하다는 것이다. 즉, 교육 수준이 높을수록 삶의 전반적인 만족감이 떨어졌다. 그들은 이 결과가 교육을 통해 갖게 된 더 큰 포부 때문이라고 보았다.

일의 진척 상황을 점검하자

자신의 일상적인 활동을 장기적 목표 달성의 일부로 여기면 기분이 좋아진다. 이 사실은 생화학적으로도 증명되었다.

연구팀은 실험 참가자들에게 개인과 가족으로서의 목표에 관해 물은 뒤, 일주일 동안 세 시간에 한 번씩 자신의 기분에 점수를 매기고 현재 하는 활동과 그 목표들 사이의 상관관계를 평가하게 했다. 그리고 동시에 참가자들의 타액을 채취해 흔히 '스트레스 호르몬'이라 알려진 코르티솔 수치를 측정했다.

그 결과 피험자가 스스로 목표 달성에 부합하는 행동이라 여긴 활동은 긍정적인 기분, 낮은 코르티솔 수치와 모두 상관관계를 보였다. 즉, 목표 달성을 향한 행위가 기분과 스트레스 관리에 중요한 기여를 한다는 것을 알 수 있다.

당신의 일상적인 활동이 얼마나 행복을 가져다주는지 알고 싶다면, 매일 목표 달성 차트를 만들어 오늘의 활동이 장기적인 목표에 얼마나 가까이 데려다주는지 확인하기 바란다.

긍정 효과

행복의 표출은 다양한 혜택을 가져다줄 수 있다. 심리학에서는 이를 '긍정 효과positive effect'라고 부르는데, 캘리포니아 대학교 하스 경영대학원에서 실시한 연구에 따르면 긍정적인 감정을 표현하는 것은 다음의 세 가지 측면에서 직장 생활에 매우 유익하다.

- 업무 실적을 높여준다. 인지 기능이 향상되고 더 큰 인내심이 생기기 때문이다.
- 자신을 향한 동료들의 반응을 향상시킨다. 긍정 효과를 통해 대인관계에서 더 큰 매력을 발산할 수 있고, 당신의 '사회적으로 영

향력을 발휘하려는 시도'에 사람들이 유리하게 반응할 가능성이 커지기 때문이다. 즉, 그들은 당신을 좋아하게 되고 결국 당신이 바라는 일을 하게 될 가능성이 커진다.

- 다른 동료들을 향한 반응이 향상되어, 다른 동료들을 돕게 된다.

업무 중 긍정적인 감정을 드러낸 사람들은 상사의 평가도 더 좋았고, 18개월이 지나자 그렇지 않은 사람들보다 연봉 인상 폭도 더 컸다. 상사와 동료들로부터 더 큰 지지와 도움을 받기도 했다.

행복해지고 싶다면, 일터에서 더 많이 웃어라. 그리고 행복감이 느껴질 때면 마음껏 드러내라. 그것이 여러 측면에서 긍정적인 결과를 가져올 테니 말이다.

믿고 맡겨야 일을 더 잘한다

여러 연구에 따르면 업무에 자율성이 주어지는 경우 에너지 수준이 유지되거나 심지어 높아질 수 있다고 한다. 반면, 남의 통제를 받는다고 느낄 때는 에너지가 떨어지는 것으로 나타났다. 두 명의 학자가 진행한 한 연구에서는 통증 치료

센터와 체중 감량 클리닉에서 얻은 표본을 분석했다. 그 결과 치료를 받으면서 자율성을 확보한 사람은 더 큰 활력을 보였고, 외적인 힘의 통제를 받는다고 느낀 사람은 활력이 떨어졌음을 확인했다.

이러한 발견은 일터에도 확장, 적용할 수 있다. 업무 수행 방식과 동기 측면에서 약간의 통제권이나 자율성이 주어질 경우 더욱 활력을 가지고 일하는 것으로 나타났다. 현재 하고 있는 일을 진심으로 즐기지 않거나 심지어 자신의 업무를 필요악 정도로 여기는 사람조차 말이다.

만약 부하 직원을 두고 있다면, 그들에게 할 일을 결정할 권한을 주거나 최소한 원하는 시간에 진행할 수 있도록 자율권을 부여하라. 그러면 당신과 부하 직원 모두 긍정적인 효과를 얻을 수 있을 것이다.

"누구를 위해 일하는가를 중요하게 여기면 한층 더 노력을 기울이게 됩니다. 사내 직원들의 동기와 직무 만족도를 높이고 싶어 하는 한 제약회사가 있었어요. 그들은 환자들이 약에 대해 피드백을 하는 동영상을 직원들에게 보여주곤 했습니다. 영상에서 환자들은 '이 약 덕분에 밤에 한 시간 더 깨어 있으면서 남편과 데이트를 즐길 수 있었어요', '이 약 덕분에 아이들과 뛰어놀 수 있었어요' 같은 말을 했죠. 이는 직원들에게 엄청난 영향을 미쳤어요. 자신이 하는 일이 왜 중요한지뿐 아니라 누구에게 중요한지도 아주 뚜렷이 알게 되었거든요. 단순히 약을 생산하는 게 아니라 사람들의 삶을 바꾸고 있었던 거예요."

— 이사벨라 아렌트Isabella Arendt, 덴마크 코펜하겐 행복연구소 연구원

문서를 버리면 신뢰가 쌓인다

타인에게 서비스를 받거나 제품을 사는 등 모든 계약을 문서의 형태로 남겨놓는 관행은 지금까지 일종의 상식처럼 여겨져 왔다. 하지만 이것이 오히려 계약에 관여하는 사람들 간에 신뢰를 무너뜨릴 수도 있다는 사실이 밝혀졌다. 계약에 참여한 사람들이 상대방의 협조를 자발적인 의사결정이 아니라 '계약에 의해 강제된 제약' 때문이라고 판단하기 때문이다.

법적 구속력이 있는 계약이 양쪽의 신뢰도를 낮출 수 있다는 연구 결과가 두 건 있다. 상대적으로 법적 구속력이 없는 계약은 상호 간 신뢰의 발전을 덜 저해하는 것은 물론, 계약 관계가 해제되었을 때에도 신뢰를 그만큼 해치지 않는

것으로 나타났다. 연구자들은 또 계약이 애초에 신뢰 관계를 만드는 것을 방해하는 동시에 이미 쌓아놓은 신뢰도 무너뜨린다는 점을 알아냈다. 따라서 어마어마한 자금이 왔다 갔다 하는 경우가 아니라면 계약에 관여하는 사람 모두 그깟 종이 한 장보다는 각자의 직감을 믿고 행동하는 편이 더 좋다.

책상 위는 개인적인 물건으로

근무 시간에 배우자나 지인들과 긴 시간 통화를 하면 상사의 눈총을 받기 십상이겠지만, 일터를 조금 더 개인적으로 꾸미는 것은 매우 긍정적인 결과를 가져온다는 사실이 밝혀졌다. 영국 엑서터 대학교의 두 심리학자는 직원의 책상이 개인적인 물건으로 장식되어 있을 때, 그러니까 책상에 화분이나 그림 같은 것들이 있을 때 더 생산적으로 일한다는 사실을 알아냈다.

이 심리학자들은 총 두 번의 실험을 했다. 한 번은 대학교 심리학부에서, 또 한 번은 일반 사무실에서다. 사무실에서 치러진 실험에서는 주의력, 정보 관리 능력, 정보 처리 능력 등 피험자들의 업무 수행 능력을 다음 네 가지 조건에서 각각 측정했다. 첫 번째는 장식되지 않은 평범한 일터, 두 번째는 실험자가 화분이나 예술 작품으로 꾸민 일터, 세 번째는 피험자 스스로 자유롭게 꾸민 일터, 마지막으로 피험자가 스스로 꾸민 뒤 실험자가 다시 꾸민 일터의 순서다.

그 결과, 장식된 공간이 그렇지 않은 공간에 비해 더 생산적인 것으로 일관되게 나타났다. 특히 피험자가 공간을 자유롭게 꾸민 경우에는 자율성과 의사결정 관여도가 높아져 일터에서의 편안함, 업무 만족, 높은 생산성으로 이어졌다. 자신이 권한을 부여받았다는 느낌이 생산성에 기여한 정도는 32퍼센트나 되었다.

당신도 일터에서 행복을 느끼고 싶다면, 책상에 원하는 그림이나 화분을 가져다 놓아라. 개인적 공간으로 느끼게 해줄 다른 것들을 추가해도 좋다. 알록달록한 램프나 곰 인형이면 또 어떤가. 당신이 그것을 좋아하기만 한다면 말이다.

참고로 무엇을 갖다 놓을지 고민이 된다면 화분이 가장 좋다. 앞의 연구팀이 실시한 또 다른 실험에서는 평범한 공간과 식물이 곁들여진 초록 공간을 비교했다. 이 세 가지 연구를 통틀어보면 식물이 있는 공간에서 일하는 사람들이 더 높은 직무 만족도와 집중력을 보인 것은 물론 공기도 더 깨

끗하다고 인식했다. 18개월에 걸친 이 연구는 《실험 심리학 저널Journal of Experimental Psychology》에 실리기도 했는데, 연구원들은 집에서 키우는 화분을 책상에 가져다 놓은 직원들이 그렇지 않은 사람들보다 15퍼센트 더 생산적이었다고 결론 내렸다.

되도록 대중교통을 이용하지 않는다

통근 문제에서는 걸리는 시간이 중요한 게 아니다. 물론 긴 출퇴근 시간과 직무 만족도 저하 사이에 상관관계가 있다는 연구 결과가 있긴 하다. 그런데 이보다 더 중요한 것은 통근 방식이다. 캐나다 맥길 대학교에서 3400명을 대상으로 한 실험에서 여섯 가지 통근 방식과 응답자들의 상대적인 만족도를 비교해보았다. 이들은 여름과 겨울의 변화하는 날씨 환경에 따라 피험자들의 평균 만족도를 조사했다. 그 결과 통근 시간은 직무 만족도와 상관관계가 없었고, 정작 영향력을 미친 것은 통근 방식이었다. 실험 결과에서 나타난 구체적인 만족도는 다음과 같다.

- 걷기: 85퍼센트
- 기차: 84퍼센트
- 자전거: 82퍼센트
- 자가용: 77퍼센트
- 지하철: 76퍼센트
- 버스: 75.5퍼센트

매일 잘한 일을 적어보자

행복 전문가 숀 에이커Shawmn Achor는 하루 중 단 2분을 투자해 다음 네 가지 아주 간단한 활동을 해보기만 해도 장기적으로 행복감을 높일 수 있음을 알아냈다. 그 네 가지 활동은 다음과 같다.

- 지난 24시간 동안 의미 있는 경험 한 가지 써보기
- 감사한 마음이 드는 일 세 가지 써보기
- 페이스북 등 소셜미디어에서 누군가에게 긍정적인 메시지 한 가지 써보기
- 명상하기

행복 설문 조사에 참여한 사람들이 위의 활동을 하기 전 받은 점수는 35점 만점에 평균 22.96점이었다. 3주에 걸쳐 위의 활동을 매일 하고 난 뒤에는 점수가 27.23점으로 올라갔다.

또 다른 하버드 대학교 연구에서는 매일 일터에서 거둔 사소한 성공을 일기에 적은 직장인들은 창의성과 동기 부여 정도가 높은 것으로 나타났다.

일기장을 하나 사서 자신의 성공과 의미 있는 경험들을 적어보고 감사하는 마음을 표현해보는 건 어떨까? 당신의 행복도가 한층 더 높아질 것이다.

"지금 당신이 하는 일이 불만족스럽다면 스스로 물어보세요. '처음 이 일을 왜 시작했지?' 하고 말이죠. 과거의 당신은 이 회사에 원서를 넣었고 면접관을 설득하는 데 성공했습니다. 거짓말을 하는 실력이 매우 뛰어나서 합격한 게 아니라면, 당시에는 열정이 충만했겠지요. 하는 일이 달라진 것일 수도 있습니다. 완전히 다른 고객과 거래처를 상대하게 됐거나, 자신도 마음에 들지 않는 제품을 팔게 되었거나, 다른 부서로 이동하게 되었을 수도 있어요. 만약 그렇다면 바뀐 일에 다시 흥미를 붙일 수도 있을 겁니다. 그것도 어렵다면 다른 일자리를 찾아야 할 때가 된 건지도 모르죠."

— 이사벨라 아렌트, 덴마크 코펜하겐 행복연구소 연구원

잡 크래프팅

단순히 맡은 일을 하는 데 그치지 말고, 당신이 하는 일에 의미를 부여하고 그것으로부터 성취감을 얻어보자. 자신만이 가진 강점을 부각할 수 있고, 열정을 자극해 더 나은 직장 생활을 할 수 있게 하는 방법이다.

'잡 크래프팅job crafting'이라 불리는 이러한 개념은 자기 일을 시각화하고, 그것을 구성하는 요소들을 지도로 만들고, 자신에게 더 잘 맞도록 재구성하게 해준다. 한 연구에서 다양한 규모의 기업들을 대상으로 실험한 결과 잡 크래프팅을 시행한 직원들이 업무에 더욱 활발히 참여하고 더 좋은 성과를 올린다는 사실이 밝혀졌다. 잡 크래프팅의 단계는 다음과 같다.

- 비포before 도표 만들기: 도표를 통해 자신의 업무가 어떤 요소들

로 구성되어 있는지 확인한다. 이때 시간이 많이 필요한 업무는 크게, 시간이 덜 드는 업무는 작게 표시한다.

- 중요한 일 표시하기: 도표를 살펴보고 직업적 자기 계발이나 매출 창출 업무 등 더 많은 시간을 투자해야 하는 중요한 일들을 표시한다.
- 가치 찾기: 자신의 동기, 강점, 열정 등 일을 더욱 열심히 하게 해 주거나 일에 흥미를 갖게 하는 것들이 무엇인지 알아본다.
- 애프터after 도표 만들기: 이전 단계를 토대로 새로운 도표를 만들고 가장 의미 있는 방식으로 자신의 역할을 재구성한다.

타고난 재능에 집중한다

어떤 사람은 세세한 부분에 강하고, 어떤 사람은 큰 그림을 잘 본다. 또 어떤 사람은 다른 사람들과 협력하는 일을 잘하고, 어떤 사람은 혼자 일할 때 가장 좋은 결과를 얻는다. 팀의 성과를 최대한으로 끌어올리고자 하는 관리자는 이처럼 직원들의 각기 다른 강점을 알아보는 법을 배워야 한다.

갤럽에서 실시한 한 연구에서는 개인의 강점과 타고난 재능을 바탕으로 일이나 역할을 맡기는 방식이 얼마나 가치 있는가를 입증해냈다. 약 1000명의 미국 직장인을 대상으로 한 조사에서 갤럽은 상사가 자신의 강점을 알아보고 업무를 지시한다고 느끼는 사람이 일에 더욱 적극적으로 뛰어든다는 사실을 알아냈다. 상사가 자신의 강점을 무시한다고 느끼는 직장인은 4분의 1가량이었으며, 그중 40퍼센트는 업무에 더욱 소극적인 태도를 보였다.

흥미롭게도, 상사가 직원의 약점에 집중했을 때 업무에 소극적인 태도를 보이는 사람들은 22퍼센트에 불과했다. 어떻게 보면 부정적인 관심조차 무관심보다는 나은 모양이다.

만약 당신이 관리직에 있다면, 직원들 자신조차 모를 수도 있는 강점이 무엇인지 알아보기 위해 노력해라. 그리고 저마다 재능을 발휘할 수 있도록 일을 배분해라.

"여러 가지 역할을 가진 사람은 직장에서 그리 잘 해내지 못하는 경우가 많아요. 주어진 역할이 너무 많을 때는 무리가 되고, 그것들을 모두 능숙하게 해내기가 힘들기 때문이죠. 여러 가지 정체성을 가지고 있는 사람들이 자존감 문제, 우울증, 스트레스로 인한 질병 등을 더 많이 겪습니다. 여러 가지 일을 곡예하듯 이어가다가 어느 것 하나도 제대로 완수하지 못하기 때문이죠. 중요한 건 '안 되는 건 안 된다'고 단호하게 거부하고, 해야 할 일을 줄이는 것입니다."

— 앨런 매코널Allen McConnell, 마이애미 대학교 심리학과 석좌교수

쉴 때는 회사 밖에서

커피 타임이여 영원하라! 토론토 대학교 연구팀에서 진행한 연구 결과에 따르면 자주 휴식을 취할수록 창의성이 좋아진다고 한다. 이 연구 보고서를 공동 저술한 조직 행동 및 HR 관리 부교수 존 트루거코스John Trougakos는 우리 두뇌가 제한된 양의 에너지만을 가지고 있어 수시로 재충전해줄 필요가 있다고 지적했다.

연구팀은 단순히 휴식을 취하는 것만으로는 해결이 안 된다고 강조한다. 중요한 건 휴식 시간에 무엇을 하느냐다. 구체적으로 말하면, 휴식 시간에 일에 지친 생각과 마음을 회복하기 위해서는 업무의 부담을 중단할 수 있는 활동을 해야 한다. 즉, 낮잠, 휴식, 조용히 앉아 있기 등 노력이 적게 들어가는 일이나 독서, 친구들과의 수다와 같이 좋아하는 일을

하며 '한숨 돌릴 수 있는 활동'을 말한다.

상사의 잔심부름을 한다거나 책상을 정리하는 등 완벽한 재충전을 방해하는 잡일들은 이에 해당하지 않는다. 특히 책상에서 끼니를 때우지 마라. 가질 수 있는 휴식 시간이 얼마이든, 중요한 건 사무실에서 벗어나 온전히 몸을 쉬는 것이다. 그러니 식사를 곁들인 회의 같은 것도 최대한 피하는 편이 좋다.

당신의 주요 업무가 아니더라도, 휴식 시간에는 업무를 채워 넣지 마라. 쉬는 시간은 책상으로 다시 돌아갈 때를 대비해 몸을 완벽히 회복하고 에너지를 충전할 수 있는 일에만 집중해라.

그렇다면 휴식 시간은 어느 정도가 가장 적당할까? 시간 및 생산성 관리 앱인 '데스크타임Desk Time'에서는 생산성이 상위 10퍼센트에 해당하는 직장인들의 컴퓨터 사용 시간을 분석해보았다. 그 결과 가장 생산적으로 일한 사람들은 평균 17분의 휴식을 취하고 52분 동안 쉼 없이 일한 것으로 나타났다. 이 외에도 '포모도로 기법'이 효과적이라는 연구 결과도 있다. 포모도로 기법이란 업무 시간을 30분 단위로 잘라 한 번에 25분 동안 일하고 5분 동안 쉬는 것이다.

명예보다 보람이 중요하다

법조계에서 일하는 사람들은 특히 행복도가 떨어지는 것으로 나타났다. 학자들은 특히 변호사를 지목했는데, 그들이 겪는 불행의 세 가지 요인은 다음과 같다. 첫째, 변호사에게는 신중과 사리 분별이 매우 중요한 자질 중 하나인데 이것은 종종 회의론과 비관주의로 이어지기도 하기 때문이다. 둘째, 젊고 직급 낮은 변호사들은 업무와 관련해 과중한 압박을 받지만 발휘할 수 있는 힘은 부족하기 때문이다. 이것이 사기 저하를 가져오는 주된 원인이 될 수 있다. 셋째, 변호사라는 일은 자신의 승리가 곧 남의 패배인 제로섬 게임인 경우가 많아 과도한 경쟁이 조성되기 때문이다. 이것이 다시 직무 만족도를 무너트리는 원인이 된다.

존스 홉킨스 대학교에서 실시한 연구에 따르면 변호사는 다른 직업군에 비해 우울증 발병률이 3.6배나 높았다. 또 다른 연구에서는 변호사의 약물 및 마약 남용 수준이 높다는 사실을 지적하기도 했다.

하지만 예외는 있다. 공익을 위해 일하는 변호사들은 다르다. 6200명의 변호사를 대상으로 한 설문 조사에서 국선 변호사나 법률 구조 변호사처럼 보수는 적지만 개인적으로 보람을 느끼는 일을 하는 변호사들은 행복하다고 응답한 비율이 가장 높았다. 이 조사에 따르면 행복감과 높은 보수 또는 명예로운 직책 사이에는 아무 상관관계가 나타나지 않았다. 또한 하급 변호사들도 자신보다 62퍼센트나 더 많은 돈을 버는 상급 변호사들과 똑같은 행복도를 보였다.

가장 행복한 직업은 무엇일까?

채용 정보 사이트 커리어 블리스가 직장인 수만 명의 직무 만족도를 분석하고 다양한 직업을 평가한 결과, 2017년 기준 가장 행복한 직업으로 꼽은 열 가지는 다음과 같다.

1. 마케팅 전문가
2. 채용 전문가
3. 대학원 조교
4. 인터넷 개발자
5. 마케팅 디렉터

6. 굴착 작업자

7. 품질 보증 분석가

8. 프로젝트 기술자

9. 선임 엔지니어

10. 네트워크 관리자

같은 보고서에서 추린 가장 불행한 직업들은 다음과 같다.

1. 고객 서비스 담당자

2. 마트 계산원

3. 소매 영업사원

4. 간호사

5. 영업 거래처 관리자

6. 총지배인

7. 출장 엔지니어

8. 데이터 분석가

9. 프로젝트 엔지니어

10. 행정 비서

적게 일한다고 행복해지는 건 아니다

일터에서 불행한 이유가 너무 긴 근무 시간이라고 생각한 적이 누구에게나 한 번쯤은 있을 것이다. 사실은 그렇지 않다. 덴마크 행복연구소에서 이를 조사한 결과, 예상과는 다른 결과가 나왔다. 거의 8000명에 달하는 덴마크 사람들을 대상으로 한 연례 조사에서 적은 시간 일하는 사람들이 직무 만족도가 더 낮다는 사실이 밝혀졌다. 연구팀은 아마도 응답자들이 사실은 더 오래 일하고 싶어 하거나, 할 일이 너무 적기 때문이라고 보았다.

이 밖에도 직장인을 대상으로 한 여러 연구에서 풀타임으로 고용된 사람들이 파트타임으로 근무하는 사람보다 삶의 만족도가 더 큰 것으로 나타났다. 근무 시간이 줄어들면 대체로 행복감이 떨어졌지만 파트타임에서 풀타임으로 바뀌면 행복감이 커졌다. 물론 이미 풀타임으로 일하고 있는 경우 주당 80시간으로 업무 시간을 늘린다고 행복감이 두 배로 커지는 것은 당연히 아니다. 하지만 심지어 실업 상태에 있는 사람들도 새 일자리를 찾기 위해 하루를 꼬박 투자했을 때 더 큰 행복감을 느꼈다. 만약 당신의 일주일이 너무나도 느리게 흘러가는 것 같다면 변화가 필요한 건 아마도 근무 시간이 아니라 일 자체일지도 모른다.

일에서 완전하게 해방되는 은퇴도 마찬가지다. 어쩌면 이른 은퇴는 많은 이에게 꿈일 수도 있다. 쉰다섯 살, 아니 서른 살이라도 쳇바퀴 같은 직장 생활을 걷어치우고 싶지 않은 사람이 어디에 있겠는가. 하지만 일터에서 떠나 칵테일을 홀짝이며 하루를 보내기로 하기 전에, 이른 은퇴가 당신의 정신 상태나 행복감에는 그다지 좋지 않을 수도 있다는 사실을 이해하기 바란다. 한 연구에 따르면 조기에 은퇴하는 사람은 예순다섯 살이 넘어서도 일터에 남는 사람에 비해 덜 행복하다고 한다.

은퇴와 기억력 사이에 관계가 있다는 연구 결과도 있다. 한 연구팀은 미국과 영국 그리고 열한 개 유럽 국가에서 얻은 기억력 시험 데이터를 기반으로 일찍 은퇴할수록 인지 능력이 퇴화했다는 결과를 얻었다. 다만 또렷한 정신을 유지하는 데 도움을 줄 수 있는 업무의 구체적 요소는 밝혀지지 않았다. 이 연구의 공동 저술자 로버트 J. 윌리스Robert J. Willis는 《뉴욕 타임스》와의 인터뷰에서 업무 자체가 두뇌에 자극을 주지 않는 강도라고 하더라도, 아침에 제시간에 일어나 사람을 상대하고 남의 요구에 즉각적으로 반응하고 신뢰를 주려고 노력하는 행동이 사회성과 인지 능력을 유지하는 데 큰 도움이 된다고 밝혔다.

"서로의 말을 경청하는 팀원들이 더 행복합니다. 리더는 회의하는 동안 남의 말을 자르거나 끼어드는 행위를 최소한으로 하며 경청의 본보기를 보여야 합니다. 이런 사소한 행동이 더욱 포용하는 문화를 만들고, 이것이 팀원들로 하여금 존중받는다는 기분과 소속감을 느끼게 하지요."

— 캐스린 스탠리Kathryn Stanley 박사, 윌리엄 제임스 대학교 조직 및 리더십 심리학부장

정말 일하기 싫을 땐 일을 잠시 잊는다

긍정 심리학자들이 입증해낸 일관된 연구 결과 중의 하나는 명상이 일에 집중하고 성과를 올리는 데 좋은 영향을 미친다는 점이다. 존스 홉킨스 대학교 연구팀은 하루 중 어떤 때 명상을 하더라도 그날 느낄 수 있는 두려움이나 불안감을 잠재울 수 있다는 사실을 알아냈다. 또 네덜란드 레이던 대학교에서 시행한 연구에서는 명상을 하는 피험자들은 더 다양한 아이디어를 내고 더 창의적인 사고방식을 보였다.

오늘부터 하루에 한 번씩 명상할 시간을 마련해보는 건

어떨까. 연구팀은 한 번에 20분 정도가 이상적이라고 밝혔지만, 단 5분이라도 하던 일을 멈추고 호흡에 집중하면 업무 수행 능력 향상에 상당한 영향을 줄 수 있다.

참고로 스트레스에는 요가의 다운 독downward-facing dog 자세가 좋다. 영국 직장인들을 대상으로 진행한 연구에서 8주 동안 매주 50분씩 요가를 한 사람들은 하지 않은 사람들에 비해 스트레스도 적게 받았으며 등과 허리의 통증도 적었다고 한다.

Chapter 3.

어떻게 쉬어야
제대로 충전할 수 있을까

사람들은 보통 '여가'라는 말을 들으면 '재미'를 떠올린다. 하지만 여가 시간이 있다고 해서 모든 사람이 똑같이 행복한 건 아니다. 어떤 활동은 그 순간에는 끝내주게 즐겁지만, 다음 날 컨디션을 엉망으로 만들 수 있다. 학창 시절 매일같이 친구들과 몰려다니며 술을 마셨을 때처럼 말이다. 또 어떤 활동은 몇 년에 걸쳐 삶의 만족도를 채워주지만, 막상 하는 동안에는 그다지 재미있지 않을 수도 있다.

여가를 통해 행복을 찾는 방법도 다양하다. 때로는 자신의 컴포트 존comfort zone(스스로 편안함과 익숙함을 느끼는 장소, 일, 범위 등을 뜻함-옮긴이)을 벗어나야 할 때도 있지만, 거의 매일 만나는 사람들과 단골 술집으로 들어가 익숙한 시간을 보내는 게 좋은 경우도 있다.

행복을 최대화하고 싶다면 여가 시간을 어떻게 보내는 게 가장 좋을까? 이 질문은 여가가 일상에서 중심적인 위치를 차지하게 된 오늘날 그 어느 때보다 중요하다. 1938년과 2014년의 사고방식 변화 조사를 보면 사람의 삶에 행복을 가져다주는 수단으로 여가의 역할이 8위에서 무려 3위로 급상승했다.

이처럼 오늘날 우리는 여가의 중요성을 알고 있고, 지난 몇십 년과 비교해 더 많은 여가를 누리고 있다. 하지만 그 시간을 무의미하게 날려버리기에 충분한 오락 행위도 그만큼 늘어났다. 따라서 시간을 어떻게 보내면 좋을지 그리고 각각의 여가 활동에 얼마만큼의 시간을 할애할지를 현명하게 선택해야만 비로소 제대로 된 행복을 찾을 수 있다.

행복을 최대화하는 취미는 따로 있다

여가 활동이 행복감을 높이는 데 발휘하는 영향력에는 저마다 차이가 있다. 33개국에서 여가 활동에 관한 설문 조사를 실시하여 각 활동이 사람들의 행복감에 어떤 영향을 미치는지 알아보았다. 그 결과 시간을 보내는 여러 방법 중에 오직 쇼핑, 독서, 문화 행사 참석, 가족 및 친척 모임 참석, 음악 감상, 스포츠 행사 및 경기 참석이라는 여섯 가지가 행복감에 긍정적인 영향을 미치는 것으로 나타났다. 행복감에 부정적인 영향을 미치는 단 하나의 활동도 있었는데, 바로 인터넷 서핑이었다.

특히 재미있는 활동을 하는 것도 그 나름의 장점이 많지만, 여가 활동이 끝난 뒤에도 그 활동의 다른 측면에서 더 장기적인 행복감이 만들어질 수 있다. 동일한 설문 조사를 보면 설문 참가자들은 유용한 인맥을 쌓거나 중요한 기술을 개발할 수 있다고 느끼는 활동을 했을 때 특히 더 높은 행복감을 얻었다.

여가 시간을 보낼 취미 활동을 찾고 있다면 사내 스포츠 팀에 들어가거나 같은 커리어 분야의 사람들을 만나기 쉬운 취미를 가져보는 것이 어떨까? 단순한 재미 이상의 수확을 가져다주는 여가 활동, 즉 인간으로서 더욱 발전하고 삶에서 더 큰 목표를 달성할 수 있게 해주는 활동은 분명히 더 큰 행복감을 가져다줄 것이다.

자연과 함께하는 시간을 갖자

행복감을 가장 많이 높여주는 여가 활동 중 하나는 바로 자연을 벗삼는 것이다. 여러 연구에 따르면 야외에서 2주를 보낸 사람들은 일상으로 돌아간 뒤에 더 주의력이 높았고, 삶의 만족도도 컸으며, 더욱 긍정적인 태도를 보였다. 그뿐 아니라 그들은 자연이나 사회, 종교를 향한 더 큰 소속감과 함께 '삶에서 진짜로 중요한 것'을 알게 되었다고 말했다.

생물학자 E. O. 윌슨E. O. Wilson은 자연 친화 가설biophilia hypothesis을 통해 인간은 기본적으로 자연에 소속되고자 하는 욕구가 있다는 것을 밝혔다. 이 가설로 미루어 볼 때 자연과 교류하는 것이 과학적으로도 우리에게 더 큰 행복감을 가져다준다는 점을 알 수 있다. 행복한 여가 시간을 즐기고 싶다면, 주말에 캠핑을 하거나 긴 시간 등산을 하며 자연 속에 푹 빠져보는 게 큰 도움이 될 수 있다는 뜻이다.

근처에 숲이나 산이 없다고 해서 좌절할 필요는 없다. 한 연구 결과에 따르면 식물의 양이 상대적으로 적더라도, 집과 가까운 작은 공원이나 도심 내 녹지 공간을 걸어 다니는 것은 행복감에 유의미한 영향을 미칠 수 있다고 한다. 핀란드의 한 연구팀은 공원을 20분 정도 걸은 사람이 도심 속을

20분간 걸어 다닌 사람에 비해 스트레스 정도가 훨씬 낮아지는 것을 확인했다.

특히 공원 산책은 또 다른 장점도 있다. 사회적인 관계를 더욱 돈독히 할 수 있다는 점이다. 이 주제를 다룬 다양한 연구 문헌을 섭렵한 한 학자는 "자연적인 요소, 특히 나무는 사람들이 실외에서 더 많은 시간을 보내게 하고, 이웃과 우연히 자주 마주치게 함으로써 다양한 사회적 관계를 맺게 한다"라고 설명하기도 했다.

근처에 산이나 숲이 없다면 조그만 공원에서라도 매일 20분씩 산책해보자. 스트레스가 줄어드는 것은 물론, 당신을 기쁘게 해줄 누군가를 만나게 될지도 모를 일이다.

산책할 공간도, 시간도 없다면 창밖이라도 내다보는 건 어떨까? 자연을 내다보기만 하는 것만으로도 기분이 좋아질 수 있으니 말이다. 텍사스 A&M 대학교의 한 연구팀은 120명의 피험자에게 스트레스를 유발하는 영상을 보여준 뒤, 그룹으로 나누어 여섯 가지의 자연환경과 도시환경을 보여주었다. 이후 스트레스를 측정할 수 있는 혈압이나 근육 긴장도 같은 수치를 확인하자, 자연환경 영상을 본 사람들이 도시환경 영상을 본 사람들보다 스트레스에서 훨씬 더 빠르고 완전하게 회복했다.

"자신을 자연과 가까운 사람이라고 생각하는 사람, 자연의 일부로 여기는 사람은 행복감도 더 높게 나타났습니다. 긍정적인 감정과 인생의 목적의식도 더 컸지요. 하지만 그렇다고 해서 시골에서 자연에 둘러싸여 사는 사람들이 도시에 사는 사람에 비해 월등히 행복한 건 아닙니다. 도시에서 나무가 있는 공원에 자주 가는 것만으로도 충분한 행복을 얻을 수 있지요. 공원, 정원, 심지어 새 모이 공급기처럼 작은 것들도 우리의 행복감에 아주 중요한 역할을 차지한다는 것을 알 수 있습니다."

— 존 M. 젤렌스키John M. Zelenski, 캐나다 칼튼 대학교 심리학 교수

꾸준한 취미가 행복을 키운다

신체적인 활동이 비만도를 줄여주고 신체 상태를 발달시키는 등 건강에 매우 좋다는 건 누구나 알 것이다. 그런데 신체적인 활동에는 이것 말고도 또 다른 장점이 있다. 국가 건강 설문 조사 및 스포츠 시설 접근성 데이터를 연구한 학자들은 신체적 활동에 참여하는 것이 건강 측면 외에도 전체적으로 삶의 질을 더욱 높여준다는 사실을 발견했다.

설문 참가자의 개인적인 배경과는 관계없이, 스포츠나 신체 활동에 더욱 적극적으로 참여한 사람들에게서 전반적인 삶의 만족도가 더 높게 나타났다. 신체 활동 참여는 특히 실업으로 인한 행복감 저하와 비교하면 행복감을 세 배나 높이는 것으로 나타났다.

스포츠 활동을 하는 사람들은 그렇지 않은 사람들보다 더 행복한 것은 물론이고, 그 밖의 여가 활동에 참여하는 사람에 비해서도 더 행복했다. 건강 증진 외에도 동료 선수, 코치, 심지어 상대편 선수들과 다져진 친밀한 사회적 관계라는 행복의 가치가 발견됐다. 신체 활동을 하나의 장기적 습관으로 만들 수 있다는 점도 또 다른 이점이다.

한 연구팀은 365명의 대학생이 답변한 내용을 바탕으로 친구나 스포츠 팀원들과의 만남 등 정기적인 여가 활동의 장점과 일일 자원봉사 활동이나 일회성 대회 등 프로젝트 기반의 여가 활동을 비교했다. 그 결과 정기적인 여가 활동이 삶에 더 많은 행복감과 의미를 가져다준다는 사실을 발견했다.

앞으로 몇 달 또는 몇 년 동안 계속할 수 있는 즐거운 활동을 찾아 일회성 활동 대신 꾸준한 신체 활동을 삶의 일부로 만들어보는 건 어떨까? 건강과 행복 두 마리 토끼를 잡을 수 있을 것이다. 야구, 배드민턴, 무엇이든 좋다. 지금 당장 스포츠팀에 들어가라.

쇼핑보다는 여행

돈으로는 사랑도, 행복도 살 수 없다. 펜실베이니아 대학교와 캘리포니아 대학교 연구팀은 온라인 설문 조사를 통해 4000명이 넘는 사람에게 시간과 돈 중 택할 수 있다면 무엇을 가질 것인지, 그리고 지금 행복한지 물었다. 이 중 64퍼센트가 돈을 택하겠다고 응답했다. 놀라운 것은 시간을 선택한 나머지 사람들은 현재 자신이 행복하다고 느끼고 있었다는 점이다.

돈을 많이 가진 사람들이 그렇지 않은 사람들보다 더 행복한 상태이거나 더는 돈이 필요 없으니 시간을 택했다고 볼 수도 있을 것이다. 하지만 연구팀은 "중요한 건 사람들이 각각의 자원에 매기는 가치이지 현재 가지고 있거나 가지고 있다고 느끼는 시간이나 돈의 양이 아니다"라고 강조했다.

하던 일을 멈추고 자신에게 주어진 시간에 감사해보는 게 어떨까? 비록 돈이 없더라도 시간을 가진 당신은 이미 행복한 사람이니 말이다.

돈과 시간의 이분법은 물건과 경험의 관계에서도 일관되게 나타난다. 휴가, 마사지, 문화생활 등 경험을 돈 주고 사는 것이 물건을 사는 것보다 더 장기적인 기쁨을 가져다준다는 말을 들어봤을 것이다. 이 같은 사실은 다양한 연구에서 계속해서 밝혀지고 있다. 하버드 대학교 심리학 교수 댄 길버트Dan Gilbert의 연구에 따르면 응답자 중 57퍼센트가 경험을 구매한 데에서 더 큰 행복감을 느꼈다고 응답한 반면, 물건을 구입하고 더 큰 행복감을 느꼈다고 답한 사람은 34퍼센트였다.

이 밖에도 샌프란시스코 주립대학교의 라이언 하월Ryan Howell 교수가 실시한 또 다른 연구에서는 경험을 구매한 데서 얻는 정서적 혜택이 우리의 기대치를 훨씬 넘어선다. 그는 다수의 응답자에게 여러 유형의 구매 행동에 소비한 돈에 대해 과연 올바른 소비인지 1점부터 7점까지 점수를 매기게 했다. 응답자들은 물건 구매가 자신에게 평균 4.41의 만족감을 가져다줄 거라고 예상했지만, 경험 구매로 얻을 만족감에 대한 예상 점수는 2.9점에 불과했다. 그런데 응답자들이 2주 동안 소비 활동을 한 뒤에는 그 수치가 완전히 뒤집혔다. 응답자들은 물건 구매에 4.91점을 매긴 반면, 경험 구매에는 평균 5.7점을 준 것이다.

이것이 끝이 아니다. 코넬 대학교와 콜로라도 대학교 볼더 캠퍼스의 연구팀은 두 건의 설문 조사와 추가 실험을 통해 물건 구매를 기대할 때보다 경험을 기대할 때 더 큰 기쁨을 얻는다는 사실을 밝혀냈다. 경험이란 더 긍정적인 재해석이 가능하고, 그 사람의 정체성과 더 밀접하게 관련되어 있으며, 사회적 관계에 더 크게 이바지하기 때문이다. 사람들이 앞으로 가구를 구매할 계획보다는 여행을 떠날 계획에 대해 더 많이 이야기하는 것처럼 말이다. 결과적으로는 실제 구매 전에도, 구매 중에도, 구매 후에도 경험 구매에서 얻는 행복이 물건 구매보다 앞섰다.

당신에게 여윳돈이 주어진다면 새 신발을 한 켤레 사기보다는 그 돈을 차곡차곡 모아 여행에 쓰는 게 어떨까? 아마 더 큰 행복을 얻을 수 있을 것이다.

휴가는 딱 8일 동안만

여행 이야기가 나와서 말인데, 며칠 휴가를 갔다가 돌아왔을 때 끔찍한 기분을 느낀 적 혹시 없는가? 다시 현실로 돌아가야 한다는 생각 때문에 말이다. 이는 휴가가 너무 짧았기 때문일 수도 있고, 반대로 너무 길었기 때문일 수도 있다.

한 연구팀은 평균 23일(너무 길다고? 유럽의 이야기라 그렇다)의 휴가를 보낸 직장인들을 대상으로 휴가 중 건강과 행복감에 대한 설문 조사를 했다. 그 결과 건강과 행복감은 휴가 시작과 함께 올라갔다가 8일째 되던 날에 정점을 찍은 뒤 11일째까지 그 자리를 지켰고, 그 뒤부터는 서서히 내려왔다. 이 사실을 통해 연구팀은 업무에 대한 과중한 책임감과 스트레스를 벗어버리기까지, 또 한편으로는 집을 향한 그리움이나 불안감이 찾아오기까지 약 8일이 걸린다는 결론을 내렸다.

만약 당신에게 일주일짜리 휴가가 생기거든 주말까지 붙여서 한 주가 조금 넘도록 만들어라. 단, 너무 길어지면 안 된다는 것을 명심해라.

슬프게도, 휴가가 얼마나 길든 간에 일터로 돌아온 뒤에는 누구나 끔찍한 기분을 맛본다고 한다. 이 연구팀은 휴가로 얻었던 건강과 행복감의 긍정적인 효과는 업무에 복귀한 첫 번째 날 바로 사라진다는 사실을 알아냈다.

휴가조차 활력을 되찾는 방법이 될 수 없는 거냐며 절망하기 전에, 한 가지 비결을 알려주겠다. 휴가가 시작되기 전의 상황에 더 중점을 두는 것이다. 네덜란드에서 1530명의 성인을 대상으로 휴가를 떠나기 전과 후의 기분을 조사한 결과, 단순히 계획을 세우고 여행에 대해 생각하는 것만으로도 전반적인 행복감이 높아질 수 있다는 결과가 나왔다. 피험자들 모두 여행 후의 행복감은 비슷하게 급감했지만, 여행의 준비 단계에서 행복감이 크게 높아졌다. 게다가 휴가를 계획하는 사람들은 그렇지 않은 사람들과 비교할 때 휴가가 시작되기 전 몇 주 동안, 심지어 몇 달 동안이나 더 높은 행복감을 누렸다.

그러니 다음에 여행을 간다면 몇 달 전부터 미리 계획을 세워라. 해변에 누워 있거나, 역사적 유물이 가득한 거리를 돌아다니거나, 그 밖에 당신이 이상적으로 생각하는 여행을 상상하며 충분한 시간을 보내라. 계획을 일찍 세우면 항공권도 꽤 싸게 살 수 있으니 더 좋지 않은가.

휴식을 미루면 두 배로 힘들어진다

보통은 일을 끝낸 뒤 그 보상으로 여가 활동이나 휴가를 즐기겠다고 생각하지만, 사실 일하기 전에 미리 신나게 노는 것도 똑같이 재미있다. 저녁을 먹기 전에 디저트부터 맛보는 게 더 즐거운 것처럼 말이다.

시카고 대학교 부스 경영대학원의 연구팀은 다양한 직군의 성인 181명에게 두 가지 활동을 시켰다. 하나는 복잡한 인지 테스트였고, 다른 하나는 사용자가 음악을 만들고 들을 수 있는 아이패드 게임이었다. 피험자들은 아이패드 게임을 먼저 하면 게임의 재미가 줄어들 것이라고 예상했으나, 사실 두 가지 방식 사이에는 아무 차이가 없었다.

대학생 259명에게 중간고사 전에 마사지를 받거나, 시험이 끝난 뒤 마사지를 받게 한 실험에서도 결과는 똑같았다. 다시 말해, 먼저 놀고 일하든 일을 하고 나서 놀든 즐거움의 정도는 똑같았다. 이 연구의 공동 저자인 에드 오브라이언Ed O'Brien은 '지금 당장 해도 똑같이 즐거운 일인데, 미래의 보상이라는 명목으로 지나치게 참는 경향이 있다는 뜻'이라고 밝혔다.

그러므로 다 끝내지 못한 프로젝트가 있다고 하더라도, 스트레스받으며 매달려 있지 말고 휴가를 가거나 하루 정도 재충전하는 시간을 마련해라. 놀기를 미루는 것은 아무런 의미가 없다.

주말엔 반드시 개인적인 활동을 한다

일과 중 휴식 시간이 더 높은 행복감과 생산성을 가져다주는 것처럼, 주말 역시 행복감을 높이는 데 중요한 역할을 한다. 학자들은 직장인들에게 '주말 효과weekend effect'가 있음을 확인했다. 이는 금요일 오후부터 기분이 좋아져 일요일 저녁까지 유지되는 현상이다.

한 연구에서 3주에 걸쳐 피험자들의 기분을 추적한 결과 나이나 결혼 여부, 그 밖의 요인들과 관계없이 주말에는 정신적·육체적으로 평일보다 더 낫다는 일관된 답변을 얻었다. 또한 주중보다 주말에 더 유능한 기분이 든다는 사실도 밝혀졌다. 아마도 자신이 원하는 활동을 선택할 수 있어서일 것이다. 로체스터 대학교 심리학 교수인 리처드 라이언Richard Ryan은 시간을 비교적 능동적으로 쓸 수 있는 주말은 다른 사람들과 유대를 다지고 관심 분야를 탐색하며 휴식을 취하는 데 매우 중요한 기회를 제공한다고 밝혔다. 즉, 과도한 업무로 망쳐서는 안 될 기본적인 심리적 욕구를 충족하는 시간인 것이다.

"사람들은 대부분 일과 여가 및 가정생활 사이에서 균형을 잡을 수 있는 워라밸work-life balance을 꿈꿉니다. 매일 적당한 시간 일을 한 다음, 긴장을 풀고 즐거운 여가 활동을 할 수 있는 시간도 충분히 가져야 한다고 보는 것이죠. 하지만 그 균형은 때로는 불가능할 수 있어요. 예를 들어 저는 지금 책을 쓰고 있는데 지난 7개월 동안은 깨어 있는 시간이면 거의 항상 일을 했습니다. 이건 균형이 아닙니다. 하지만 책 쓰기가 끝나고 나면 일을 좀 줄이고 회복 시간을 가질 수 있을 것으로 기대하고 있어요. 매일 아니면 매주 일과 여가의 균형을 이룰 수 있다면 좋겠지만, 때로는 이처럼 균형을 잠시 접어두고 적당한 때가 올 때까지 기다려야 할 수도 있습니다."

— 제이미 그루먼Jamie Gruman, 캐나다 궬프 대학교 조직 행동 부교수

온전히 집중할 수 있는 취미를 찾자

당신이 선택한 여가 활동이 과연 행복을 가져다줄지 어떨지 확인할 수 있는 손쉬운 방법이 한 가지 있다. 바로 자신에게

'이 활동이 나를 플로우flow 상태로 만들어주는가?'라고 묻는 것이다. 긍정 심리학자 미하이 칙센트미하이Mihály Csíkszentmihály가 만들어낸 '플로우'라는 용어는 행위 자체에 완전히 몰입하여 자신에 대한 생각까지도 잊는 일종의 초집중 상태를 뜻한다. 그런 상태에서는 시간이 쏜살같이 흘러간다. 잘 생각해보면, 이게 무슨 뜻인지 당신도 알 것이다. 아주 재미있는 책에 푹 빠지거나 신나게 자전거를 타다 보니 하루가 어떻게 흘러갔는지 모르겠다는 경험을 해본 적이 한 번쯤은 있을 테니 말이다. 그럴 때 당신은 무아지경에 빠지고 엄청난 행복감을 느끼며 몸이 저절로 움직이는 듯한 상태에 이른다. 이러한 플로우 상태에 들어가면, 산만한 상태에서보다 더 창의적인 일을 해낼 수 있고, 훨씬 더 효율적이고 긍정적으로 일에 임할 수 있다.

칙센트미하이는 플로우에 도움이 될 만한 요소들도 제시했는데 강한 집중력과 목표, 하고 있는 일에 대한 통제력, 왜곡된 시간 경험, 자의식의 상실 등이다. 플로우 상태에 진입하는 열쇠는 자신이 갖춘 능력과 균형을 이루는 과업을 수행하는 것이다. 너무 단순한 일은 따분함으로 이어지고, 너무 어려운 일은 불안감을 가져오기 때문이다.

플로우 상태는 삶의 어떤 분야에서든 일어날 수 있지만, 특히 스포츠나 야외 활동에서 가장 또렷이 나타난다. 앞으로 여가를 즐길 때는 되도록 플로우 상태에 진입하는 것을 목표로 해보자. 조금 어려운 듯하면서도 부담스럽지는 않으며, 즐겁게 시간을 보내면서도 산만하지 않은 활동이 적당할 것이다.

덧붙이자면, 플로우는 반드시 혼자서 해야 하는 것만은 아니다. 뉴욕 북부에 있는 세인트 보나벤처 대학교 연구팀은 개별적으로 그리고 그룹의 일원으로서 플로우를 느낄 수 있도록 피험자들에게 처음에는 혼자, 그다음에는 팀을 이루어 패들볼(라켓으로 공을 코트 벽면에 번갈아 치는 게임-옮긴이)을 하게 했다. 그러자 피험자들은 단독 플로우보다는 사회적 플로우에서 더 큰 만족감을 얻은 것으로 나타났다.

혼자 하는 것보다 더 큰 행복을 얻고 싶다면, 그룹 활동을 취미로 삼아라. 취미로 기타를 친다면 밴드를 조직하고, 조깅을 좋아한다면 대회에 나가보는 것이 어떨까.

성격 유형에 따른 행복한 취미

야외에서의 모험은 앞서 살펴본 플로우의 느낌을 창출하기에 특히 효과적인 활동이다. 심지어 불안감을 동반하는 모험일 때조차 말이다.

한 연구팀은 급류 카약을 즐기는 사람들 52명을 대상으로 설문 조사를 하여 카약을 탄 이후의 기분을 분석해보았다. 그 결과 빠른 물살 때문에 불안감이 들었을 때에도 플로우라는 주관적인 경험이 정서적 균형을 잡아주는 것으로 나타났다. 급류 카약을 즐기는 사람들은 물살의 빠르기가 자신의 능력을 넘어설 때도 긍정적인 경험을 한다는 의미다. 또한 플로우 상태를 경험한 사람들은 빠른 물살이 지나간 뒤에도 계속해서 그 효과를 느끼며, 이후 일상으로 복귀한 후에도 플로우를 지속하는 것으로 보였다.

일상이 지루하게 느껴진다면, 야외의 모험을 찾아 도전장을 던져보는 건 어떨까. 그때 느끼는 가슴 두근거림이 장기적으로 기분을 좋게 하는 효과를 낼 수 있다.

하지만 행복감을 높이기 위해 반드시 위험한 일을 자초해야 하는 건 아니다. 뜨개질처럼 정적인 일조차 기분을 좋게 하는 데 아주 효과적인 것으로 나타났다. 뜨개질을 즐기는 사람 3545명을 대상으로 한 조사에서 뜨개질을 즐기는 빈도와 행복한 기분 사이에 눈에 띄는 상관관계가 확인되었다.

더 자주 뜨개질을 하는 사람은 집중력과 기억력도 더 뛰어났다.

이것은 털실 때문일 수도 있다. 일부 응답자는 뜨개질할 때 사용하는 털실의 색상이 기분에 영향을 미친다고 응답했다. 그리고 응답자 중 절반 정도는 털실의 질감이 기분을 좌우한다고 답했다. 즉, 섬유 특유의 촉각적 즐거움과 이 활동의 결과물이 만질 수 있고 느낄 수 있는 물건이기 때문이라는 뜻이다.

퀼트를 하는 사람을 대상으로 한 조사에서도 비슷한 결과가 나왔다. 퀼트와 행복감에 대한 조사에 참여한 사람들은 다른 퀼트 애호가들과 상호작용하는 데서 비롯된 강한 사회적 인맥 덕분에 집중력 말고도 정서적인 혜택이 있다고 답했다. 그러니 행복해지기 위한 새로운 취미를 찾고 있다면, 수예점에 가보는 건 어떨까. 친한 친구와 함께 말이다.

"지난 수년간 연구에 참여했던 사람들 대부분은 여가 활동을 하지 않는 가장 큰 이유로 '시간이 없어서'라고 대답했습니다. 하지만 이는 그저 핑계일 뿐입니다. 시간 활용에 관한 연구에 따르면, 사람들이 몸을 사용하는 여가 활동이나 만족감을 가져다줄 수 있는 활동을 할 만한 시간이 없다고 답했을 때도 실제로는 하루에 서너 시간씩 텔레비전을 본다는 사실이 드러났습니다. 시간적 제약은 그리 큰 문제가 아닌 것 같습니다. 오히려 우선순위의 문제지요."

— 로저 C. 매널Roger C. Mannell,
캐나다 워털루 대학교 명예 교수이자 응용보건학 전 학장

웃으면 행복해진다

장난기, 그러니까 어떤 상황을 더 재미있거나 우습게 포장하는 것은 어린아이일 때 누구나 가졌던 일종의 본능이었다. 당신도 놀이터에서 나만의 비밀 기지를 만들거나 정글짐을 성으로 상상하며 놀아본 적이 있을 것이다. 물론 어른이 된 이후에는 놀이의 중요성과 혜택을 잊고 살았겠지만 말이다. 우리 마음속 깊숙한 곳에 숨겨져 있는 장난기를 되살리는 건 행복감을 높이는 아주 좋은 방법이 될 수 있다.

255명의 성인을 대상으로 장난기를 조사한 연구가 있다. 다섯 개의 짧은 질문과 장난기를 묘사할 수 있는 32개의 형용사를 바탕으로 자신의 장난기 정도와 삶의 만족도에 점수를 매기고, 자신이 즐기는 취미 활동에 얼마나 자주 참여하는지 답하게 했다. 답변을 분석한 결과 연구팀은 장난기와

삶의 만족도, 그리고 즐거운 활동에 참여하고 적극적인 삶의 방식을 영위하고자 하는 경향 간에 상관관계를 찾아냈다.

당신이 매일 겪고 있는 지루한 일을 게임으로 바꾸어보는 건 어떨까. 커피숍에서 바리스타가 이름을 물을 때 우스꽝스러운 이름을 지어내 답하거나, 출퇴근길을 큰 판돈이 걸린 장애물 경기로 상상해보는 것도 좋겠다.

같은 맥락에서 웃음은 강력한 힘을 발휘할 수 있다. 유머와 웃음에 대해 20여 년간 연구한 폴 맥기Paul McGhee는 유머가 정서적인 회복력을 높여주고, 스트레스 대처를 도우며, 심지어 통증을 줄여주고 면역력을 강화한다는 여러 가지 증거를 찾아냈다.

더 좋은 소식도 있다. 유머 감각이 연습을 통해 학습되고 개선될 수 있다는 것이다. 폴 맥기는 유머 감각을 키울 수 있는 것으로 입증된 '일곱 가지 유머 습관'이라는 프로그램을 개발했는데, 여기에는 '주변을 유머로 둘러싸라', '더 자주, 더 큰 소리로 웃어라', '자기 자신을 웃음거리로 삼아라' 같은 내용이 포함되어 있다. 그는 삶에 유머를 더하는 것이 인생관에 변화를 가져다주고, 더 큰 통제력과 권한을 갖는 기분을 느끼게 한다고 주장했다.

오스트레일리아 제임스 쿡 대학교의 연구팀은 이러한 주장을 실험하기 위해 55명의 피험자를 무작위로 세 개 그룹으로 나누었다. 첫 번째 그룹은 각종 농담과 웃긴 이야기가 담긴 맥기의 '8주 유머 습득 프로그램' 책자를 주고 그대로 따르게 했고, 두 번째 그룹은 매주 한 번씩 모임만 갖게 했다. 그리고 나머지 한 그룹은 대조군으로 두었다. 더 자주 웃고 어려운 상황에서도 유머를 찾는 법을 배운 첫 번째 그룹은 긍정적인 정서, 낙관주의, 자기 주변을 통제한다는 인식 면에서 나머지 두 그룹보다 눈에 띄는 향상을 보였다. 또한 스트레스, 우울감, 불안감 수준도 낮아졌다고 응답했다.

더 자주 웃는 삶을 원한다면 즉흥 연기 수업을 받거나 농담 책을 한 권 사라. 학창 시절에 반에서 가장 웃긴 아이가 아니었다 해도 분명히 유머 감각을 키울 수 있다.

사람이 가질 수 있는 가장 매력적인 특성 중 하나가 유머 감각이긴 하지만, 바람직하지 않은 유머도 있다. 한 연구팀은 43명의 남성과 66명의 여성에게 설문지를 주고 자신의 유머 스타일, 주관적인 행복도, 정서 스타일 등에 대해 답하게 했다. 그 결과 남을 조롱하거나 자기 비하적 유머를 이용하는 사람들은 행복도가 낮지만, 긍정적이거나 자기 고양적인 유머를 쓰는 사람들은 행복도가 높았다. 유머 감각을 키우기를 원한다면, 다른 사람의 약점을 빈정대거나 공격적이거나 부정적인 표현은 피하자.

선택지가 많아지면 부담이 늘어난다

무엇을 할지, 무엇을 살지 선택할 수 있다는 것은 보통 좋은 일이다. 하지만 너무 많은 선택지는 오히려 피로감을 줄 수 있다. 월차를 언제 어떻게 쓰면 좋을지, 30쪽이나 되는 메뉴판에서 무엇을 골라 주문할지 결정을 내리지 못하고 주저해 본 경험이 있는 사람이라면 이 말을 충분히 이해할 것이다. 좋은 것도 너무 많으면 안 좋은 법이다.

스탠퍼드와 컬럼비아 대학교의 연구팀은 그 이유를 알아보기 위해 한 그룹의 피험자들에게 30가지의 초콜릿을 주며 하나를 택하게 하고, 다른 한 그룹에는 여섯 가지 초콜릿만 내놓았다. 그런 다음 피험자들이 자신의 선택에 얼마나 큰 만족도를 느꼈는지 몇 가지 질문에 답하게 했다. 그 결과 더 많은 선택지가 주어졌던 피험자들은 자신의 최종 결정에 대해 더 큰 후회와 불만을 드러냈다. 그리고 그 사람들은 실험 참가에 대한 보상으로 돈과 초콜릿 중 하나를 택하라고 했을 때 초콜릿을 택할 가능성이 더 낮았다. 반면, 선택지의 수가 적었던 사람들은 초콜릿을 받겠다는 응답이 더 많았다. 연구팀은 "아마도 많은 선택지 앞에서 자신이 내린 결정에 불만이 생기는 것이 아니라, 좋은 결정과 나쁜 결정을 구별해야 한다는 책임감과 불확실함에 부담을 느끼는 듯하다"라고 결론을 내렸다.

한 가지 조언을 덧붙이자면, 여러 개의 선택지 중 하나를 택해야 하는 상황에서는 둘 중 하나를 고르며 압축해가는 식으로 접근하면 좋다. 예를 들어 'A와 B 중에 무엇이 더 좋은가?'라고 스스로 질문한 뒤 A를 택했다면, 'A와 C 중에서는 무엇이 더 좋은가?'하는 식으로 말이다. 이 방법이 선택에 관한 책임감과 부담감을 조금 줄여줄 것이다.

행복은 매일 가는 단골집에 있다

제한된 선택지 내에서 행복을 찾는 이야기가 나와서 말인데, 행복감을 높이기 위해 반드시 먼 곳으로 떠날 필요는 없다. '행복한 시간'이라는 것은 말 그대로 단골 술집의 특별 할인 시간대인 해피 아워happy hour처럼 생각보다 훨씬 사소한 것일 수도 있다. 영국 옥스퍼드 대학교의 심리학자와 인류학자로 구성된 연구팀은 술집 한 곳을 정해놓고 자주 드나드는 사람은 힘들 때 의지할 수 있는 가까운 친구가 더 많고, 삶에서 더 큰 행복감을 느끼며, 지역 공동체에 더 깊이 속한다는 사실을 확인했다.

이 점은 데이터 분석 기업인 유고브YouGov가 2254명의 영국 성인을 대상으로 한 조사에서도 확인됐다. 단골 술집이 있다고 말한 22퍼센트의 응답자는 가까운 친구가 평균 7.2명이었던 반면, 단골 술집이 없다고 답한 나머지 사람들의 친구 수는 평균 6명이었다.

선임 연구원 로빈 던바Robin Dunbar는 그 이유가 동네 술집에서 개인적인 인맥이 만들어지기 때문이라고 밝혔다. 그리고 친구를 사귀고 친분을 유지하는 것은 직접 만나서 해야 하는 일로, 아무리 디지털 시대라 하더라도 디지털은 절대 그 역할을 대신할 수 없다고 말했다.

오늘부터 직장이나 집과 가까운 곳에 단골 술집을 만들고, 그곳에서 만나는 사람들과 통성명을 해보는 건 어떨까? 그러면 앞으로 더욱 기분 좋은 저녁 시간을 누릴 수 있지 않을까?

13.9도를 기억하라

긍정적인 음악은 기분을 좋게 만들어줄 수 있다. 본인의 뜻만 있다면 말이다. 두 명의 심리학 교수가 음악이 행복감 수준에 얼마나 영향을 미치는지 알아보았다. 그들은 피험자들에게 에런 코플런드Aaron Copland의 「로데오Rodeo」처럼 박자가 빠르고 경쾌한 음악과 이고리 스트라빈스키Igor Stravinsky의 「봄의 제전」처럼 다소 처지는 음악 등을 12분간 들려주고 음악이 기분에 어떤 영향을 주는지 살펴보았다. 그 결과 밝고 긍정적인 음악이 실제로 피험자의 행복감을 높여주는 것으로 밝혀졌다. 단, 청자가 '의도'를 가지고 들었을 때만 그런 결과가 나왔다.

실험이 진행되는 2주가 넘는 기간에 행복감을 느끼려 노력해보라는 지시를 듣고 나서 긍정적인 음악을 들은 사람은 더 행복한 기분을 느꼈다고 답했다. 그러나 지시와 관계없이 스트라빈스키의 음악을 들은 사람, 그리고 행복한 생각을 떠올리라는 지시 없이 코플런드의 음악을 들은 사람은 이렇다 할 기분 변화를 느끼지 못했다. 연구팀은 적당한 음악과 적당한 생각의 결합이 긍정적 기분을 높이는 데 중요한 역할을 한다고 결론 내렸다. 둘 중에 하나라도 빠지면 안 된다는 의미다.

그러니 행복도를 높이고 싶다면 경쾌한 음악을 찾아 들어라. 이때 가장 중요한 것은 재생 버튼을 누르기 전에 긍정적인 생각을 떠올리는 것이다.

얼굴에 내리쬐는 햇살은 기분을 좋게 해준다. 그런데 일본 오사카 대학교의 한 연구원은 약간 서늘한 온도, 구체적으로 13.9도에서 행복감이 최대화될 가능성이 높다는 사실을 발견했다. 날씨가 행복감에 미치는 영향을 조사한 이 연구원은 516일 동안 75명의 학생에게 데이터를 수집했다. 개인의 성격과 외부의 사건은 최대한 배제한 결과, 주관적인 행복감은 기온 및 습도와 관련이 있으며 풍속과 강수량은 영향을 주지 않는 것으로 드러났다. 또한 가장 행복할 때는 기온이 13.9도일 때라고 덧붙였다. 기분이 안 좋을 땐 에어컨을 세게 가동해보는 건 어떨까. 조금 서늘한 온도가 오히려 기분은 더 따뜻하게 해줄 수도 있으니 말이다.

행복은 정말 나눌수록 커질까

우리 자신에 대한 이야기는 이 정도면 됐다. 자신의 행복감을 위해 무언가를 하는 대신 매달 약간의 시간을 투자해 남을 도울 수 있는 일을 해보자. 왜 꼭 그래야만 할까? 그것이 당신을 행복하게 해주기 때문이다. 이타심과 행복 사이에 역설적인 관계가 있다는 증거를 발견한 심리학 연구는 무수히 많다. 즉, 남에게 자신의 것을 내어주고 이타적인 행동을 했을 때 자신도 무언가를 얻을 수 있다는 얘기다.

불우한 이웃을 위해 기부를 하는 것처럼, 남에게 초점을 맞춘 친사회적 행동은 그것을 나중에 다시 떠올렸을 때 행복감을 높여준다는 사실이 여러 연구에서 밝혀졌다. 이 같은 가설을 입증하기 위해 세 번의 실험이 치러졌는데, 그중 한 실험에서는 86명의 피험자에게 자신에게든 남을 위해서든 20달러를 쓴 기억을 떠올리게 했다. 그런 뒤 어떤 기분을 느꼈는지 설문에 답하게 하자 남을 위해 돈을 쓴 기억을 되살린 사람들이 더욱 긍정적인 기분을 느꼈다고 답했다.

한 달에 두 시간을 투자해 무료 급식소에서 일하거나 봉사활동을 해보는 건 어떨까? 기분이 더욱 좋아질 것이다. 하지만 이건 명심하라. 기분이 좋아지자고, 즉 자신을 위해 그런 활동을 하는 게 아니어야 한다.

"진정한 행복은 현재를 즐기는 것이다.
미래를 불안해하거나 걱정으로 자신을 괴롭히지 말고,
지금 가진 것에 만족하라. 그것만으로도 충분하다."

– 세네카Seneca

Chapter 4.

사랑을 빼놓고는 행복을 논할 수 없다

행복감을 높이는 데 애정 관계만큼 중요한 요소는 거의 없다. 268명의 하버드 졸업생을 75년 동안 추적 조사한 후, 그 관찰 결과를 『행복의 조건』, 『행복의 비밀』 등의 책으로 낸 조지 베일런트George Vaillant는 "행복은 사랑이다. 그게 전부다"라고 말했다. 수명부터 자신감, 스트레스에 이르기까지 모든 것이 애정 관계의 영향을 받고, 우리의 의사결정과 성격은 다시 애정 생활의 성패를 좌우한다.

인생에서 사랑만큼이나 미스터리하고 극도로 개인적인 것이 또 있을까? 남편이 하루에 몇 번이나 아내에게 칭찬의 말을 건네는지, 아니면 한 달에 몇 번이나 성관계를 갖는지처럼 너무나도 개인적이고 복잡한 문제를 데이터와 수치로 표현한다는 것이 부자연스럽게 보일 수도 있다. 그러나 셰익스피어Shakespeare, 네루다Neruda, 키츠Keats가 무엇이 이상적인 사랑을 만들어내는지 알아내려 노력했던 것처럼 최근에는 심리학자와 연구원들이 이 수수께끼를 푸는 데 도전을 거듭하고 있다. 그 결과는 딱히 시적이라고 할 수는 없지만, 많은 시사점을 제시한다.

첫 만남 이야기의 중요성부터 관계를 끝내기에 좋은 타이밍에 이르기까지 많은 학자가 애정 관계의 성공과 실패에 대해 사실상 거의 모든 측면을 연구했다. 다음은 더 성공적인 애정 생활, 그리고 그 결과 더 행복한 삶을 이루는 방법에 대해 그들이 알려주는 몇 가지 비결이다.

오래가는 커플은 무엇이 다를까

어느 커플이 오래도록 함께할 수 있느냐 없느냐는 간단한 등식으로 정리할 수 있다. 유명한 애정 관계 전문 심리학자 존 가트맨John Gottman은 20년에 걸친 관찰 연구 자료를 분석하여 오래 지속되는 결혼 생활에서는 긍정적인 상호작용과 부정적인 상호작용의 비율이 5대 1 정도로 유지됨을 발견했다. '언어 행위'는 평균 긍정도가 5.1대 1, '관찰된 감정'은 4.7대 1이었다.

가트맨에 따르면 긍정적 상호작용과 부정적 상호작용의 비율이 1대 1에 가까운 사람들은 이혼하게 될 가능성이 컸다고 한다. 1992년 가트맨과 두 명의 수학자는 700명의 신혼부부를 대상으로 두 사람 사이의 대화를 15분간 녹화한 뒤 긍정적인 상호작용과 부정적인 상호작용의 횟수를 세어 보았다. 그 관찰 결과를 바탕으로 10년 뒤 결혼 생활을 유지하고 있을지 아닐지를 예측했는데, 그 정확도가 무려 94퍼센트에 달했다.

당신이 하루 동안 배우자와 나누는 대화를 곱씹어보자. 당신은 얼마나 자주 상대방을 칭찬하거나 애정을 표현하는가? 또 얼마나 자주 상대방을 비난하거나 불만을 표출하는가? 긍정적 표현과 부정적 표현의 비율이 5대 1에 미치지 못한다면 그 수치를 높이기 위해 노력해보자.

첫 관계는 늦을수록 좋다

모르는 사람과 만나 하룻밤 섹스를 나누고 헤어지는 것에 찬

성하든 반대하든, 일단 장기적인 관계를 원한다면 너무 서두르지 않는 게 좋다. 애정 관계 전문 연구원들이 수년에 걸쳐 거듭 확인한 결과에 따르면 약혼이나 결혼 전에 동거를 시작한 커플은 이혼할 확률이 더 높았다. 본인의 자발적이고 적극적인 선택으로 결혼한 게 아니라 같이 살다 보니 그저 자연스럽게 결혼으로 이어진 것이 원인의 일부라고 할 수 있다. 그런데 재미있는 사실은 상대를 만나자마자 바로 침대로 뛰어드는 것 역시 장기적인 관계에 좋지 못하다는 것이다.

코넬 대학교의 샤론 새슬러Sharon Sassler는 약 600쌍의 결혼 또는 동거 커플을 대상으로 애정 관계의 질, 잠자리 만족도, 의사소통을 조사했다. 연령, 수입, 자녀 수 등의 변수를 통제하고 데이터를 분석한 결과 첫 만남 후 한 달 이내에 잠자리를 가진 커플이 애정 관계의 만족도가 더 낮은 것으로 나타났다. 특히 여성 응답자는 첫 섹스까지 오래 기다릴수록 현재 관계에 대한 만족도가 더 높았다.

만약 당신이 이제 막 데이트를 시작했고, 그 사람과 장기적인 관계를 유지할 가능성이 보인다면 잠자리를 갖기까지 최소한 몇 주 만이라도 기다리는 것이 어떨까? 그게 둘 사이의 애정 관계를 높일 더 나은 선택이 될 테니 말이다.

애정 관계에도 설계가 필요하다

튼튼한 자재로 공들여 집을 짓듯이 애정 관계도 그러해야 한다. 심리학자 존 가트맨과 역시 심리학자이자 아내인 줄리 가트맨Julie Gottman은 커플이 말다툼하는 도중 수집된 생리학적 데이터를 바탕으로 해당 커플이 결혼 생활을 유지할 것인지 이혼할 것인지 예측할 수 있는 수학적 시스템을 개발했다. 그들은 수십 년에 걸친 연구 결과를 이용해 건전한 애정 관계 주택 이론sound relationship house theory을 만들고 성공적인 애정 관계를 위한 일곱 단계를 제시했다.

- 애정 지도를 만들어라: 질문을 통해 상대의 속마음을 알아내라.
- 애정과 존경을 나눠라: 상대가 가진 장점에 초점을 맞추고 감사하는 습관을 들여라.
- 외면하지 말고 상대를 바라봐라: 관심과 지지를 원하는 상대의 요청에 응답하라.
- 긍정적인 시각을 가져라: 애정 어린 시선으로 상대를 바라보고, 상대를 일단 믿고, 부정적인 사고방식을 피하라.
- 갈등을 잘 관리하라: 둘 사이의 관계에서 나타나는 부정적인 패

턴을 미리 알아두고, 가능하다면 그것을 해결하거나 그 문제에 대해 상대와 지속적인 대화를 나누어라.

- 평생의 꿈을 이뤄라: 상대방의 장기적 목표나 평생의 꿈을 이룰 수 있도록 도와라.
- 공통의 의미를 만들어라: 과거의 경험과 미래의 비전을 공유해라.

사랑받고 싶다면 눈치를 길러라

결혼 생활을 오래 유지한 부부들에게는 한 가지 공통점이 있다. 부부 중 한 명이 어떤 '요청', 즉 자신을 바라봐 달라거나, 애정을 표시해달라거나, 일종의 교감을 나누자는 요구를 했을 때 상대가 그 요청을 인지하고 긍정적인 반응을 보인다는 것이다. 예를 들어, 아내가 "나 어때 보여요?"라고 물으면 순수하게 자신의 모습에 대한 질문을 던지는 것인 동시에 남편의 관심을 요구하는 행동이니 남편은 "정말 예쁜데!"라고 말하며 긍정적인 반응을 표시해야 한다. 머리를 상대의 어깨에 살며시 올리는 것처럼 비언어적인 요청이 있을 수 있는데, 이때 두 팔로 상대를 감싸안는다든가 하는 식으로 비슷한 비언어적 반응을 보이는 것이 좋다.

앞서 살펴본 가트맨의 연구에서도 6년 넘게 결혼 생활을 유지한 부부들은 이러한 상대의 요구에 평균 86퍼센트의 긍정 반응을 보였다. 반면 이혼한 사람들의 반응률은 33퍼센트에 그쳤다.

그러므로 상대가 어떤 요청을 해올 때 그것을 인지하기 위해 노력하길 바란다. 그게 알아차리기 쉬운 것이든, 상당히 모호한 것이든 말이다.

드러낼수록 관계가 깊어진다

대화를 많이 나누는 것이 성공적인 애정 관계의 핵심이라는 건 모두가 알고 있지만 보통은 저녁에 무얼 먹을 것인가, 누가 개를 산책시킬 것인가를 정하는 데에서 그치는 경우가 많다. 373쌍의 커플을 수십 년에 걸쳐 연구한 심리학자 테리 오부치Terri Orbuch는 행복한 커플의 98퍼센트가 '서로를 깊이 알고 이해한다'는 사실을 발견했다. 게다가 행복한 커플 대다수는 상대에게 자주 자신의 속내를 드러내는 반면, 불행한 커플이 그렇게 하는 경우는 19퍼센트에 불과했다.

그런 점에서 그는 '10분 규칙'을 따르라고 조언했다. 집안일, 업무, 자녀 이외의 주제에 대해 매일 10분씩 이야기를 나누는 것이다. 오부치가 발견한 바에 따르면, 일과 관련되지 않은 일에 대해 습관적으로 대화를 나누면 그 대화가 개인적인 주제로 확장되어 상대를 더욱 속속들이 아는 데 도움이 된다고 한다.

참고로 대화할 때는 '우리'라는 단어를 많이 사용하는 것이 좋다. 이 간단한 두 글자가 애정 생활에 큰 영향을 미칠 수 있기 때문이다. 캘리포니아 대학교 버클리 캠퍼스 연구팀은 부부 또는 연인 154쌍의 대화를 15분간 녹화하여 살펴봤다. 그 결과 '우리'라는 표현을 자주 사용하는 커플은 분노 표출 같은 부정적 행동이 덜 나타나고, 애정 표현 같은 긍정적 행동은 더 많이 나타남을 확인했다.

리액션은 선택이 아닌 필수

대화를 할 때, 상대에게 축하할 만한 일을 발견한다면 격한 반응을 보이는 것이 좋다. 이처럼 다른 사람의 좋은 소식을 축하하는 것, 즉 다른 사람의 성취나 성공에 느낌표를 찍어

주는 행동을 심리학자들은 '자본화capitalization'라고 한다.

배우자나 애인에게 좋은 소식을 이야기했는데 심드렁한 반응이 돌아온다면 기분 좋을 사람은 없을 것이다. 사람은 기본적으로 좋은 소식을 전할 때 상대가 자신보다 더 신나고 흥분하기를 바라게 되어 있고, 축하받기를 좋아한다. 커플이 좋은 소식이나 시기를 함께 잘 보내는 것은 나쁜 시기를 잘 극복하는 것만큼이나 중요하다.

한 연구에서 79쌍의 커플에게 애정 관계가 얼마나 견고한지 질문하고, 삶에서 일어났던 긍정적인 사건과 부정적인 사건에 대해 인터뷰하며 대화를 녹화했다. 그로부터 두 달 뒤, 그들이 연인 관계를 유지하고 있는가를 포함해 관계의 행복도를 평가해보았다. 그러자 상대방이 부정적 사건에 어떻게 반응하는지보다 긍정적 사건에 어떻게 반응하는지가 관계의 견고함에 더 큰 영향을 미치는 것으로 나타났다.

또 다른 연구에서는 신혼부부들을 2년간 관찰한 결과, 행동에 대한 긍정적인 인식이 남편과 아내 모두에게 결혼 생활의 만족도를 더 높여준다는 사실을 확인했다.

만약 당신의 연인이나 배우자가 좋은 소식을 전해준다면, 할 수 있는 한 크게 축하하라. 승진이나 대대적인 성공 외에 일상의 자잘한 성공도 기뻐해주어라. 이처럼 긍정적인 사건을 축하하면 친밀감이 높아지고 관계에 든든한 기반이 만들어진다.

한편 힘든 시기를 받아들이는 방식 또한 행복한 애정 관계에 중요한 열쇠가 된다. 말다툼이나 힘든 일을 당했을 때 그것을 서로가 맞지 않는 상대라는 뜻으로 받아들이는 대신 서로를 더욱더 가깝게 만들어주는 계기로 삼는 커플들이 있다. 심리학자들은 바로 이 점이 애정 관계 성공을 예측할 수 있는 핵심 변수가 된다고 봤다. 쉽게 말해, 둘 사이의 관계에 어려움이 닥쳐도 그 어려움을 미화하는 커플들이 애정 관계가 더 좋다는 뜻이다.

한 연구에서는 현재 누군가를 만나고 있거나 최근 헤어진 대학생 200명에게 관계 만족도, 지금까지의 인생 궤적, 외로움을 느끼는 정도 등에 대해 질문을 던졌다. 조사 결과에 따르면 애정 관계는 힘들지만 노력할 가치가 있다고 대답한, 즉 어려움을 미화한 응답자들에게서 관계 만족도가 더 높게 나타났다. 어려움을 미화한 응답자들은 장애물을 극복하고 애정 관계를 지속하기 위해 함께 노력한 사실에 관해 이야기했다.

지금 만나고 있는 연인과 앞으로도 계속 좋은 관계를 유지하고 싶다면, 애정 관계에서 맞닥뜨릴 수 있는 어려움을 간과하지 마라. 또 그것들을 받아들이는 데 그쳐서도 안 된다. 성공적이고 장기적인 관계의 정상적이면서도 건전한 과정이라고 생각하고, 힘든 시기를 함께 헤쳐나갈 수 있음을 기뻐하라.

> "갈등으로 인한 말다툼은 그 자체로는 문제가 아닙니다. 사람이라면 누구나 문제를 해결하는 과정에서 시도하는 자연스러운 방식이지요. 중요한 건 그 주제를 상대에게 말하는 방식을 효과적으로 조절해야 한다는 것입니다. 사실 알고 보면 대개 사소한 문제들인데, 그것으로 상대의 마음을 다치게 하면서 대립해봤자 좋을 게 없지요. 또한 남들보다 마음을 더 잘 다치는 사람들이 있기 때문에 말하는 방식을 조절하지 않으면 관계가 위험해질 수 있습니다."
>
> — 제임스 맥널티James MuNulty, 플로리다 주립대학교 심리학 교수

사소한 행동이 생각지 못한 균열을 만든다

현재 연인이나 배우자와의 관계가 불만스러운가? 수면 습관이나 친구들과의 관계, 신용 점수 때문일 수도 있다. 애리

조나 대학교 연구팀에서 29쌍의 커플을 상대로 조사한 연구가 있다. 이 연구에서 전날 숙면을 취했다고 응답한 사람들은 다음 날 자신의 애정 관계에 더 높은 점수를 주었다. 반대로, 간밤에 잠을 잘 이루지 못했다고 응답한 사람들은 그날 상대와의 사이가 좋지 않아서 그랬다고 밝혔다. 이처럼 애정 관계와 수면은 서로 순환하면서 영향을 준다.

또, 이혼은 전염성이 있을 수 있다. 브라운 대학교 로즈 맥더모트Rose McDer-mott가 이끄는 연구팀은 장기 연구를 통해 사회적 인맥이 애정 관계에 영향을 미칠 수 있음을 밝혀냈다. 수천 명을 대상으로 한 30여 년의 데이터를 살펴본 연구팀은 이혼한 친구를 둔 사람들이 본인도 이혼할 가능성이 75퍼센트 더 높고, 친구의 친구가 이혼한 경우에도 이혼 가능성이 33퍼센트 더 높다는 사실을 알아냈다. 종합해보면, 가까운 친구나 가족의 일원이 이혼했을 때 자신도 이혼할 가능성이 16퍼센트 높아진다.

친구들이 더욱 행복한 결혼 생활을 누릴 수 있도록 도와주는 건 어떨까? 여러 커플이 함께할 수 있는 활동을 계획하거나 친구의 배우자에 대해 긍정적으로 이야기해보자. 친구의 행복은 물론 당신의 행복도 지킬 수 있을 것이다.

마지막으로 신용 점수도 문제가 될 수 있다. 재정적 어려움은 부부가 맞닥뜨릴 수 있는 가장 큰 어려움 중 하나다. 그렇다 보니 신용 점수는 결혼 생활이 유지될 가능성을 예측할 때 꽤 유용한 기준이 되기도 한다. UCLA 브루킹스 연구소와 연방준비제도이사회에서 실시한 연구에 따르면, 신용 점수가 낮은 사람일수록 이혼할 가능성이 컸다. 또 신용 점수가 105점 높아질수록 이혼 가능성은 32퍼센트 떨어졌다. 카드 대금을 연체하지 말고 제때 갚아야 할 이유가 하나 더 느는 셈이다.

"우리가 진행한 연구에 따르면, 구두쇠는 구두쇠와 결혼하는 것이 재정적으로나 심리적으로 더 낫습니다. 낭비벽이 있는 사람들은 재정적으로 안정성이 떨어지더라도 비슷한 씀씀이를 가진 사람과 결혼했을 때 더 행복해합니다. 재정 관리 면에서 정반대인 사람끼리 짝이 되면 처음에는 흥미롭고 재미있게 느껴집니다. 특히 자기 혼자였을 때는 돈 쓰는 재미를 잘 알지 못했던 구두쇠는 더 그렇지요. 하지만 시간이 흐르면 관계의 위험성이 커집니다. 집이라든가 자동차, 자녀들과 관련해 공동의 의사결정을 내려야 할 일이 생기면 논쟁이 벌어지기 쉽습니다. 상대를 비난하거나 상대의 뜻을 지레짐작하며 결혼을 후회하는 시간이 점점 더 늘어나죠. 이미 반대 성향의 사람과 결혼했다면 은행 계좌를 따로 관리하는 것이 도움이 될 수 있습니다."

— 스콧 릭Scott Rick, 미시간 대학교 로스 경영대학원 마케팅 부교수

사랑하는 사이일수록 냉정해야 하는 것들

마지막으로 설거지를 한 사람이 누구인가? 청소는 또 누가 했는가? 집안일은 잘 관리하면 가족 간에 화합을 도모할 수 있지만 그렇지 못하면 정반대의 결과를 가져올 수 있는 복잡다단한 일이다. 퓨 리서치 센터에서 실시한 설문에 따르면 가사 분업은 성공적인 결혼 생활에서 중요한 문제 중 3위를 차지했다. 참고로 1위는 부부간의 믿음, 2위는 행복한 성생활이었다. UCLA 연구팀은 이런 문제가 정확히 어떻게 결혼 생활 만족도에 영향을 미치는지 알아보았다. 평균적으로 남성은 자신의 시간 중 18퍼센트를 할애하여 집안일의 33퍼센트를 담당한 반면, 여성은 자기 시간의 22퍼센트를 바쳐 집안일의 67퍼센트를 해냈다.

또, 누가 어떤 일을 담당하느냐를 명시적으로 정해두지 않

는 부부는 정해두는 부부에 비해 더 자주 갈등을 겪는 것으로 나타났다. 가사를 명확히 분담하지 않으면 어느 한쪽이 상대에게 집안일을 하라고 말해야 하고, 이 과정에서 분노를 느끼게 되며, 상대가 한 일에 핀잔을 주거나 비판하기 쉽다. 연구팀은 이런 갈등을 피하기에 가장 좋은 방법은 부부 중 한 명이 다른 사람 몫까지 해내야 할 필요성을 줄여주는 '명확하고 공평한 모델'을 세우는 것이라고 결론 내렸다. 그렇게 하면 서로 상대가 정해진 경계를 침해하지 않을 것을 믿고, 자신이 맡은 집안일을 제대로 해내게 된다고 한다.

현재 집안일 문제로 골머리를 앓고 있다면, 당장 명확한 책임 범위를 정해보는 건 어떨까? 당신이 설거지를 한다면 배우자는 요리를 하고, 청소기 돌리기는 주말마다 번갈아 가면서 하는 것도 좋을 것이다.

과대평가할수록 애정이 깊어진다

당신은 진부한 로맨스 영화를 한 번쯤은 본 적이 있을 것이다. 두 주인공이 처음에는 서로를 죽일 듯이 미워하다가 엔딩 크레딧이 올라갈 즈음에는 정열적인 키스를 나누며 끝나는 영화 말이다. 그런 영화들은 죄다 비현실적이라고 느낄 수 있지만, 현실에서 찾아보기 힘들 법한 이상적인 남녀 관계를 영화로나마 접하는 것이 자신의 로맨스에 긍정적인 영향을 미칠 수 있다고 한다.

한 연구팀이 온라인 설문 조사를 통해 275명에게 각자의 로맨스에 대한 기대, 생각, 경험, 현재 배우자나 연인에 집중하는 정도 등에 관해 물어보았다. 그 결과 로맨틱한 생각이나 믿음을 표현하는 것이 애정 관계 만족도에 긍정적인 영향을 미치는 것으로 나타났다. 애정 관계에 긍정적인, 심지어 비현실적으로 이상적인 시각을 가지고 있다면 관계와 교감이 더욱 강화된다는 뜻이다. 그리고 애정 관계에 대한 자신의 생각을 공개적으로 표현하는 사람은 서로 간의 기대치가 어긋나고 기대를 충족하지 못하는 사태를 겪을 가능성이 더 작은 것으로 나타났다. 해당 연구팀은 로맨스를 더욱 강화하는 믿음이 관계에 긍정적인 결과물을 가져다주기 때문이라고 보았다. 상대가 자신과 천생연분이라고 굳게 믿는다면 말다툼 거리나 골치 아픈 상황이 생기더라도 웃어넘기게 되는 것이다.

꼭 로맨스 영화가 아니더라도, 애정 관계에서 무언가를 이상화하는 것이면 무엇이든 효과가 있다. 혼인 신고를 마친 200쌍의 부부를 장기간에 걸쳐 연구한 결과 상대방의 긍정적인 점들을 실제보다 더 높이 평가하는 사람들이 더 행복하고, 결혼 생활을 오래 유지했다.

이 연구에 참여한 부부들은 3년 동안 매년 두 차례씩 설문조사에 참여했고, 답변을 토대로 부부 생활의 품질과 결혼 만족도를 평가했다. 이뿐만 아니라 각자의 장점에 대해 응답한 항목도 분석했다. 연구팀은 어느 부부가 배우자를 이상화하여 바라보는지 가려냈다. 그 결과 부부 중 한 명이 상대에게 긍정적이고 이상적인 장점이 있다고 생각하는 반면, 그 상대는 정작 그런 장점이 자신에게 있다고 보지 않는 경우 결혼 만족도가 더 높게, 더 오래 지속되는 것으로 나타났다.

더 나은 애정 관계를 원한다면 배우자를 잘 받들고, 그의 존경할 점을 찾아 이상화해라. 적어도 이 문제에서만큼은 환상이 클수록 좋다.

첫 만남 이야기를 드라마틱하게

커플이라면 누구나 "두 분은 어떻게 만났나요?"라는 질문에 답해본 적이 있을 것이다. 그런데 이 질문이 두 사람의 관계가 얼마나 돈독한지 들여다볼 수 있게 해주는 꽤 중요한 요소라는 점이 밝혀졌다.

한 연구팀이 기혼자 52쌍을 대상으로 서로에 대한 첫인상을 포함해 연애 시절 이야기를 하게 했다. 연구팀은 그들의 이야기에서 긍정적인 요소와 부정적인 요소들을 걸러 점수를 매겼다. 그것을 바탕으로 그 커플이 결혼 생활을 유지할 것인지 아니면 이혼할 것인지를 예측했는데, 정확도가 무려 94퍼센트에 달했다. 자신의 이야기를 들려주기 꺼리거나 부정적으로 이야기한 커플은 3년 이내에 헤어질 확률이 높았다. 반면 열정적으로 더 상세하게 이야기를 들려준 커플은 오래 함께할 확률이 높았고, 결혼 생활 만족도와 문제 해결 능력 또한 높았다.

이 법칙은 첫 만남 이야기뿐 아니라 "첫 데이트에서 어떤 일들을 함께했나요?"나 "결혼식 이야기를 들려주세요"와 같은 질문에도 해당했다. 연애나 결혼 초기에 대해 긍정적이고 활기찬 추억을 가진 커플은 후에 어려움을 겪을 때 그런 기억을 떠올리며 마음을 다잡을 수 있기 때문이다.

배우자와 관계가 소원하다면, 연애 때나 결혼 초반의 이야기를 나누어보자. 애정 관계와 공유하는 추억에 열정적인 기반을 세운다면 결혼 생활에서 더 높은 만족도를 얻을 수 있을 것이다.

설렘을 되찾는 아주 간단한 방법

배우자가 절친이라고 말할 수 있다면 매우 멋진 일이다. 배우자가 자신의 유일한 친구가 아니라면 말이다. 부부가 각자 친구들을 만나고 취미 생활을 즐길 때 그 관계가 더욱 건강하다는 사실을 입증한 연구가 여럿 있다. 123쌍의 커플을 조사한 메릴랜드 대학교 사회학 연구팀은 커플끼리 친구가 되면 여러 면에서 결혼 생활에 도움이 된다는 사실을 밝혀냈다. 부부 동반으로 자주 어울리면 부부가 서로에게 더욱 매력을 느끼게 됨은 물론 다른 커플들은 어떻게 상호작용을 하는지 관찰할 기회가 생기며, 남자와 여자에 대해 더욱 폭넓게 이해하게 되기 때문이다.

또, 함께 특별한 활동을 하며 부부 관계의 신선도를 유지하면 행복감을 지속하는 데 큰 도움이 된다. 뉴욕 주립대의 한 연구팀은 새로운 활동에 참여하는 것이 애정 관계의 품질을 높인다는 사실을 알아냈다. 연구팀은 중년의 부부 한 그룹에 일주일에 90분씩 '신나는' 활동, 즉 등산, 춤, 공연 관람 등 평소에 주로 하지 않는 활동을 하게 했다. 그리고 다른 한 그룹에는 영화를 보거나 외식을 하는 것처럼 익숙한 활동을 하게 했다. 그렇게 10주가 지난 뒤 비교해보니, 신나는 활동을 한 부부들이 결혼 만족도가 더 높게 나타났다.

이러한 효과는 화학 작용, 특히 도파민과 노르에피네프린의 분비로 인한 것으로 보이는데 이러한 호르몬은 이전에 경험해보지 못한 새로운 활동을 즐길 때 잘 분비된다.

이번 주말에는 평소와 다른 데이트를 해보는 건 어떨까? 기존의 익숙한 데이트 코스에서 벗어나 보자. 미술 수업을 듣거나, 스카이다이빙을 하거나, 한 번도 가보지 못한 곳으로 여행을 떠나보는 건 어떤가.

기념일만 특별한 게 아니다

6개월 전은 고사하고 지난주에 뭘 했는지조차 기억하지 못하는 사람이 많다. 그런데 여러 연구에 따르면 다이어리에 그날 무엇을 했는지 간단히 적어놓고 나중에 그것을 한번 읽어보는 것만으로도 큰 기쁨을 얻을 수 있다고 한다.

하버드 연구팀은 사람들에게 하루에 있었던 일들을 기록하고 몇 달 뒤 그것을 다시 읽어보게 했을 때, 그 경험을 흥미롭고 즐거웠던 것으로 느낀다는 것을 밝혀냈다.

또 다른 연구에서는 피험자들에게 일종의 타임캡슐을 만들게 했다. 거기에는 최근 대화가 담긴 아홉 개의 메시지, 방금 들은 노래, 자기들만 알고 낄낄거릴 수 있는 농담을 적어 넣고 최근에 찍은 사진 한 장을 넣게 했다.

연구팀은 피험자들에게 캡슐을 열어보기 전까지 얼마나 궁금해할지 예측하여 점수를 매기게 했다. 그런 다음 3개월 뒤, 피험자들에게 타임캡슐을 열어보고 그것이 얼마나 놀랍거나 의미가 있었는지 점수를 매기게 했다. 피험자들은 한결같이 예전에 생각했던 것보다 더 큰 궁금증을 보이고 더 흥미로워했다.

또 다른 연구에서는 피험자들이 2월의 어느 평범한 날과 밸런타인데이에 한 일들을 적은 뒤, 나중에 그 기록을 다시 읽었을 때 얼마나 흥미로워할 것인지 미리 기록했다. 다시 한번, 피험자들은 지난 일과를 읽어보는 것이 얼마나 흥미로운 일인지 과소평가했다는 사실을 깨달았다. 특히 생일이나 결혼기념일 같은 중요한 날들만 기록해놓을 가치가 있다고 생각하겠지만, 사실 평범한 날들도 뒤돌아보면 상당히 흥미진진하다는 사실을 알 수 있었다.

오늘부터 부부가 함께 다이어리를 기록해보면 어떨까. 함께한 일들을 적고 나중에 생각날 때 다시 읽어보자.

때로는 의무적이어도 괜찮다

모르긴 해도 당신의 부부관계는 아마 만족스러운 수준이 아닐 것이다. 오스트레일리아에서 6500명이 넘는 남녀를 대상으로 실시한 설문에 따르면 남성 중 54퍼센트, 여성 중 42퍼센트가 현재 애정 관계에서 나누는 섹스의 빈도에 불만을 표했다. 이들은 애정 관계 만족도 또한 낮았다. 주 연구자인 오스트레일리아 라트로브 대학교 보건학 교수 겸 섹스 및 건강 사회 연구 센터 부센터장인 앤서니 스미스Anthony Smith는 《뉴욕 타임스》와의 인터뷰에서 부부라면 식사, 업무, 그 밖의 중요 활동처럼 잠자리를 위한 시간도 따로 마련해놓을 필요가 있다고 주장했다. 섹스를 애정 관계에서 중요한 요소로 보고 우선순위 상단에 둘 필요가 있다는 것이다.

일주일에 두 번 이상 섹스를 하지 않는다면, 배우자와 그 이유에 관해 이야기해보고 둘만의 시간을 즐길 수 있는 밤을 따로 정해 시간을 비우는 것이 어떨까? 그런 것을 미리 계획한다는 것이 섹시하게 느껴지지 않을 수도 있지만, 섹스리스 부부가 되는 것보다는 낫다.

참고로 섹스를 할 때는 쾌락만 추구해서는 안 된다. 쾌락 역시 건강한 섹스 생활에서 중요한 요소이긴 하지만, 장기간에 걸친 여러 연구에 따르면 상대방의 욕구를 헤아리고 두 사람 간 친밀감을 높이는 데 초점을 맞춰야 애정 관계가 성공을 거둘 수 있다고 한다.

연인 또는 부부 128쌍의 행동을 관찰한 한 연구팀은 섹스를 자기 확인의 수단으로 여기는 남자들은 실제로 섹스 만족감이 낮았으며 오르가슴의 횟수도 적었다고 밝혔다. 한편 친밀감을 추구하고 상대의 욕구를 충족시키기 위해 노력한 커플들은 섹스 생활에 더 큰 만족감을 표출한 것으로 나타났다.

더 나은 관계를 원한다면, 상대의 욕구에 주의를 기울여라. 그러면 섹스를 즐길 수 있게 되고 친밀감도 더 높아질 것이다.

Chapter 5.

개인적인 공간에서 행복의 품격이 정해진다

집은 곧 우리 자신과 같다. 집에 무엇을 두느냐는 순전히 개성의 표현이지만, 다른 사람들이 그것을 어떻게 인식하느냐는 또 다른 문제다. 그래서 숱한 지레짐작과 오해가 생겨나고, 그것 때문에 골치가 아플 수도 있다. 「HGTV 쇼」(신청자의 집을 고쳐주는 텔레비전 프로그램-옮긴이)가 그리도 중독성이 강한 데는 다 이유가 있다. 집 안의 모든 것은 당신이 누구인지를 알려줄 뿐만 아니라 당신이 매일 함께하는 삶의 일부이기도 하다.

인테리어 디자이너와 건축가들 말고도 신경학자와 심리학자들 또한 집의 환경이 인간의 행복에 영향을 미친다는 증거를 계속해서 찾아내고 있다. 하지만 그것이 어떤 식으로 영향을 주는지, 그리고 우리의 만족감과 즐거움을 극대화해 주는 가정을 어떻게 만들면 좋을지 알아내는 것은 생각만큼 쉽지 않다.

200가지 연청색 페인트 중에 하나를 고르기 위해 페인트 가게에서 몇 시간을 허비해본 사람이라면, 인테리어 디자인에 따르는 수많은 결정이 사람마다 제각각인 것은 물론 놀라울 정도로 복잡하다는 사실을 잘 알 것이다. 자질구레한 물건을 모조리 치움으로써 인생을 바꿔놓을 마법을 경험할 것인가, 아니면 온갖 물건을 사방에 벌여놓음으로써 더 큰 기쁨을 얻을 것인가? 풍수를 따라야 하는가, 아니면 '휘게(덴마크어로 아늑하고 안락한 상태를 뜻함-옮긴이)'가 해답인가?

이 장에서는 벽에 무엇을 붙일 것인가부터 시작해 벽의 모양 자체, 거실 가구의 질감부터 침실 조명에 이르기까지 가정에 더 큰 기쁨을 안겨줄 몇 가지 비결을 알아보자.

방의 밝기가 마음의 밝기를 좌우한다

우울한가? 불을 켜든 창문을 열든 더욱 밝게 해라. 토론토 대학교와 중국 중산 대학교 연구팀은 세 건의 연구를 통해 사람의 절망감과 방의 밝기 사이에 상관관계가 있음을 밝혀냈다. 피험자들이 어두운 방에 있을 때 절망감이 더 커졌다고 응답한 것이다.

4개 국가 988명을 대상으로 한 또 다른 연구에서는 적도에 가까이 사는 사람이 계절에 따라 일조량이 크게 달라지는 북반구 위쪽 사람과 비교해 더욱 일관적인 심리 상태를 보였다는 사실이 밝혀졌다. 위도가 높은 국가의 피험자들은 조명이 너무 어둡게 느껴질 때 가장 우울해했고, 밝기가 딱 좋을 때 기분이 가장 좋았다가 조명이 너무 밝을 때는 다시 기분이 나빠지는 것으로 나타났다.

삶이 버겁게 느껴진다면 조명을 통해 부정적인 기분을 경감시키고 긍정적인 기분을 얻어보는 건 어떨까. 집 안에 등을 몇 개 더 추가하고 전구의 와트 수를 높여라. 천장에는 여러 개의 조명을 설치하고 밝기를 조절할 수 있는 스위치를 달면 좋을 것이다.

방의 조명을 밝게 하는 것도 좋지만, 사실은 자연광을 쬐는 게 가장 좋다. 자연광만큼 기분을 좋게 하는 데 효과적인 것이 없기 때문이다. 여러 연구에 따르면 하루 중 자연광에 많이 노출될수록 인공광에 노출될 때보다 기분이 더 좋아지고, 더 잠을 깊이 잘 수 있어 삶의 질이 나아진다고 한다. 자연광이 건강과 숙면에 좋은 가장 큰 이유는 잘 시간이 됐을 때 졸리게 하고 낮에는 깨어 있게 하는 멜라토닌 때문이다.

멜라토닌을 생성하고 분비하는 솔방울샘이라는 내분비기관은 빛에 매우 민감하다. 멜라토닌 분비는 어둠이나 은은한 빛으로 촉진되고 스마트폰, 태블릿 PC, 고효율 전구 등에서 나오는 인공적인 '블루라이트'를 포함해 밝은 빛으로 억제된다. 블루라이트는 잠을 자야 할 시간일 때도 낮인 것처럼 신체를 속여 숙면을 방해하고 온갖 정서 및 심리적 문제를 일으킨다. 하버드 의학대학교 교지에도 '푸른색의 파장은 낮에는 집중력을 높이고, 반응 시간을 줄여주고, 기분을 좋게 하지만 밤에는 숙면에 가장 큰 지장을 준다'라는 연구 결과가 실린 적이 있다. 사방에 스마트폰과 태블릿 PC가 넘쳐나는 오늘날, 우리는 어느 때보다 블루라이트에 더 많이 노출되어 있다.

잠들기 전에는 모바일 기기를 멀리하자. 조명이 필요하다면 멜라토닌 분비를 가장 덜 억제하는 은은한 붉은색 전구를 쓰자.

집 안의 명당을 찾아라

집이나 침실에 자연광이 잘 들지 않는다면 태양 흉내를 내는 무언가를 가져다 놓는 것만으로도 행복감을 높이는 데 도움이 된다. 스위스의 한 연구팀이 세 가지 조명을 이용해 한 그룹의 사람들을 48시간 동안 연구했다. 하나는 푸른색 LED였고, 하나는 새벽과 같은 효과를 내는 조명이었으며, 나머지 하나는 은은한 조명이었다. 연구팀은 두 시간마다 멜라토닌과 코르티솔 분비량을 포함해 피험자들의 기분과 행복감을 측정했다. 그 결과 새벽과 같은 효과를 내는 조명이 다른 두 가지 조명과 비교해 인지 능력, 기분, 행복감에 훨씬 더 큰 긍정적인 효과를 낸다는 것이 밝혀졌다.

우리 신체는 이처럼 놀라울 정도로 잘 속아 넘어간다. 침실에 햇빛이 잘 들지 않는다면 새벽과 비슷한 빛을 내는 램프를 하나 구입해 당신의 몸이 해가 떴다고 착각하게 만들어보자.

하지만 햇빛을 쬐는 게 좋다고 해서 창문으로 들어오는 자연광을 최대한 받겠다고 정면으로 마주 봐서는 안 된다. 햇빛이 사람의 감정에 미치는 영향을 다룬 한 연구에서 방으로 들어오는 햇빛의 양이 피험자가 느긋하고 여유로운 기분을 느끼는 데 큰 영향을 미치는 것으로 나타났지만, 그것은 피험자가 창문을 옆으로 두고 앉아 있을 때의 상황이었다. 피험자가 창문을 정면으로 바라보거나 등지고 있을 때는 여유로운 기분이 줄어들었다.

"우리는 연구를 통해 하루 내내 자연광을 받는 사람들이 그렇지 않은 사람들에 비해 매일 평균 46분을 더 잔다는 것을 확인했어요. 그리고 또 한 가지 알아낸 것이 있습니다. 자연광을 많이 받는 사람들이 그렇지 않은 사람들보다 여가 시간에 실외에서 보내는 시간이 더 많았습니다. 그 이유는 정확히 설명하기가 힘들지만, 아마도 자연광을 받는 사람들이 더 활기가 넘치고 일과가 끝난 뒤에 더 많은 활동을 하고자 하기 때문인 것 같습니다."

— 모하메드 부베크리Mohamed Boubekri,
일리노이 대학교 어바나-샘페인 캠퍼스 건축대학원 교수

주변이 지저분하면 창의력이 높아진다

창의적인 사람들이 자신의 지저분한 면을 잘 받아들인다는 이야기는 다들 들어보았을 것이다. 지저분하고 어지러운 주변이 상상력을 발휘하는 데 도움을 준다는 건 사실일까?

한 연구팀은 세 건의 연구에서 피험자들이 어지럽혀진 방과 잘 정돈된 방에서 창의적인 과업을 수행하게 했다. 첫 번째 실험에서 피험자들은 무작위로 선정된 두 가지 방 중 하나에 들어가 퍼즐을 맞췄다. 하나는 종이와 책들이 널려 있는 지저분한 방이고, 다른 하나는 똑같은 종이와 책들이 잘 쌓여 있거나 정리된 방이었다. 두 번째 실험에서는 첫 번째 실험과 비슷한 조건에서 창의 능력을 진단하게 하는 원격 연상 단어 검사를 시켰다. 마지막 세 번째 실험에서는 피험자들에게 지저분한 방과 청소한 방에서 각각 원하는 주제로 그림을 그리게 했다. 심사위원들은 창의성을 바탕으로 그림에 점수를 매겼다.

그 결과는 세 가지 실험 모두에서 일관적으로 나타났다. 지저분한 방에 있던 피험자들이 퍼즐을 가장 빨리 맞췄고, 창의성 검사에서 가장 높은 점수를 받았으며, 그림 점수도 가장 높았다.

창의성을 발휘해야 하는 곳, 예를 들어 서재나 공방 같은 곳은 지저분하게 둬보는 게 어떨까? 하지만 약간의 지저분함만이 도움이 된다는 사실을 명심하라. 과도한 지저분함은 감각에 과부하를 주고 머리가 돌아가지 않게 할 수도 있다.

침실의 벽 색깔을 푸른 계열로 바꿔보자

집에서 쉬면서도 스트레스를 받는다면 벽을 다시 장식해보는 건 어떨까? 병원의 구조나 인테리어가 환자들의 행복감에 어떤 영향을 미치는지 연구한 건축학 교수 로저 울리히 Roger Ulrich는 벽에 걸린 그림이 일반적으로 긍정적인 기분을 가져오고 환자들의 주의를 끌어 불편이나 걱정에서 놓여나게 한다는 사실을 알아냈다. 하지만 모든 작품이 건강에 좋은 것은 아니었다. 환자들은 풍경화 등 자연을 그린 그림에서는 긍정적인 기분을 느끼지만, 추상화를 보면 마음이 불편해진다고 답했다.

울리히 교수는 이 문제를 더욱 깊이 파고들어 지난 7년 동안 일곱 점의 그림이 실제로 환자들에게 공격의 대상이 되었으며, 그중 다섯 점은 두 번 이상 공격을 당했다는 사실을 밝혀냈다. 일곱 점 모두 추상화였고 결국 어딘가로 치워졌다.

그림뿐 아니라 벽지 색깔 역시 삶에 흥미를 더해줄 수 있다. 당신 방의 벽은 무슨 색으로 칠해져 있는가? 빨강이나 주황처럼 따뜻한 느낌을 주는지, 파랑이나 보라처럼 차가운지, 흰색이나 검정 또는 회색처럼 무채색인지 둘러보기 바란다.

사람이 서로 다른 색상에 어떤 반응을 보이는지 알아내기 위해 한 연구팀은 가상 거실을 만들고 각각 따뜻한 색, 차가운 색, 무채색으로 꾸미고 피험자들에게 보여주었다.

그 결과 따뜻한 색상은 더 활기차고 흥미롭다는 반응을 얻었고, 차가운 색상은 편안하고 차분하며 평화롭다는 답이 나왔으며, 무채색은 긍정적인 답변이 가장 적었다.

주방이나 운동 기구가 있는 방처럼 활기로 채워야 하는 곳은 따뜻한 색으로 바꾸어라. 침실이나 서재처럼 차분한 느낌이 들어야 하는 곳은 차가운 색상을 써라. 무채색은 아예 쓰지 않는 것이 좋다.

디자인을 바꾸면 삶이 흥미로워진다

창의성이 필요한 프로젝트를 진행 중이라면 천장이 가장 높은 곳을 찾거나 아예 집 밖으로 나가라. 두 명의 마케팅 전공 교수가 세 건의 실험을 통해 모든 조건을 똑같이 한 방에 천장 높이만 다르게 한 뒤 사람들의 반응을 알아보았다. 그 결과 천장이 높은 곳이 피험자들에게 해방감을 준 것은 물론, 기억력도 더 높여주었다고 한다.

천장뿐 아니라 가구의 생김새도 행복에 영향을 미칠 수

있다. 집이나 사무실에 가면 괜스레 불안하고 날카로워지는가? 그렇다면 그 공간에 날카로운 모서리가 너무 많기 때문일 수도 있다. 사람은 본능적으로 날카로운 직선보다 곡선을 더 좋아한다. 선풍기 등 140개 물체의 흑백사진을 본 피험자들은 가장자리가 둥근 물체를 더 선호했다. 이러한 경향은 직선이나 곡선으로 그린 의미 없는 패턴에서도 동일하게 나타났다.

그러니 책상이나 서랍장을 새로 살 예정이라면 모서리가 둥근 것을 골라라. 한 가지 보너스도 있다. 모서리가 둥근 가구는 부딪혔을 때 훨씬 덜 아프다.

주방은 어떤 구조가 좋을까? 요즘 개방형 주방이 인기를 끌고 있다. 하지만 다이어트를 할 생각이라면 벽을 도로 세워놓는 게 나을 것이다. 한 연구에 따르면 주방과 식탁의 배치가 소비하는 음식의 양에 영향을 미친다고 한다. 건축 연구원과 디자인 연구원이 개방형과 폐쇄형 주방을 비교한 연구 결과, 폐쇄형 주방일 때 먹는 음식의 양이 줄어든다는 사실을 알아냈다. 아마도 음식을 먹는 사람들이 주방에 남은 음식을 볼 수 없어서이기 때문일 것이다. 만약 주방과 식탁 사이에 벽이 없다면, 가리개라도 쳐보는 게 어떨까.

나쁜 생각은 종이에 적어 버린다

조금 이상한 소리 같겠지만 일단 들어봐라. 생각에 형태를 더하면, 즉 생각을 글로 쓰면 그 생각을 실제로 버릴 수 있다는 사실이 연구를 통해 밝혀졌다.

한 연구에서 피험자들을 선정해 자신의 신체에 대해 긍정적이거나 부정적인 생각을 글로 쓰게 했다. 그런 뒤 그 종이를 구겨 휴지통에 버리거나 문법이나 맞춤법을 다시 확인하게 했다. 그런 다음, 자기 몸에 대한 태도를 알아보는 설문에 답하게 했다. 그러자 긍정적이든 부정적이든, 생각을 '버린' 피험자들은 그 생각에 영향을 덜 받는 것으로 나타났다.

이처럼 생각을 종이에 적어 버리는 것은 부정적인 생각을 지우는 데 꽤 효과적인 방법이다. 그리고 긍정적인 생각을 내면화하는 데에도 비슷한 논리가 통한다.

같은 연구팀이 실시한 두 번째 실험에서는 피험자들에게 노트를 준 뒤 자신의 몸에 대한 생각을 적은 페이지를 찢어 잘 접은 뒤 주머니에 넣게 했고, 대조군의 피험자들은 그 페이지를 나중에 쉽게 찾을 수 있도록 종이 한 귀퉁이만 살짝 접게 했다. 그런 다음 자신의 건강과 식이요법에 대한 설문지를 작성하게 했다. 그 결과 자기 생각을 고이 간직한 사람들은 대조군보다 자신이 적어놓은 생각의 유형에 따라 자신의 몸에 더 긍정적이거나 부정적으로 반응했다.

오늘은 아침부터 일진이 안 좋은가? 새로 사 입은 윗도리 때문에 더 뚱뚱해 보이는가? 그런 부정적인 생각이 든다면 종이에 적고 거울 앞 휴지통에 버리자. 그러면 자신에 대한 부정적인 생각을 말 그대로 '버릴' 수 있다. 그리고 긍정적인 생각은 주머니에 고이 간직하자. 더 즐거운 하루를 보낼 수 있을 것이다.

사지 말고 직접 만들어보자

직접 만든 것들로부터는 더 큰 기쁨을 얻을 수 있다. 하버드·듀크·툴레인 대학교 공동 연구팀은 조립식 수납 상자, 종이접기, 레고 등 여러 가지 물건을 자신이 직접 만든 사람들은 그 물건에 더욱 큰 가치를 부여한다는 결과를 얻었다.

연구팀은 조립에 노력이 들어간 물건에 가치를 더 부여하는 경향이 DIY에 빠진 사람들 외의 사람들에게도 동일하게 나타난다는 사실을 알아냈다. 자신을 손재주가 없는 사람이라 여기는 피험자들도 자신이 만든 것에 더 큰 가치를 부여했다. 또한 전문가나 기계가 만든 것보다 자신이 만든 물건에 더 큰 가치를 두는 경향도 나타났다.

새 가구가 필요하다면, 사는 대신 직접 만들어보는 건 어떨까? 직접 만든 장식품 몇 개를 선반 위에 올려놓든 직접 그린 그림을 벽에 걸든, 아주 사소한 것이라도 좋다. 집 안에 직접 만든 가구 몇 가지를 더해보자. 집이 더욱더 사랑스러운 공간으로 거듭날 것이다.

직접 만든 물건 외에 꽃을 갖다 놓는 것도 행복감을 높이는 데 어마어마한 기여를 한다. 미국 러트거스 대학교와 필리핀 라 살 대학교 공동 연구팀은 세 가지 실험을 통해 꽃과 기분의 관계를 알아보았다. 그중 한 실험에서는 피험자들의 집으로 각각 꽃, 과일 바구니, 양초를 배달한 뒤 물건을 받은 피험자들의 초기 반응을 측정하고 나중에 인터뷰를 시행했다.

우선, 꽃을 받은 피험자들은 모두 받음과 동시에 미소를 지었다. 그리고 나중에 인터뷰를 하자 꽃을 받은 사람들은 그날 더욱 긍정적인 사회적 상호작용을 보였다.

기분이 좋아지고 싶다면 지금 당장 꽃집으로 달려가는 게 어떨까? 당신만이 아니라 당신이 행복하게 해주고 싶은 사람에게도 아주 좋은 선물이 될 것이다.

"반려동물을 키우는 사람들은 그렇지 않은 사람들보다 자존감이 더 높고 덜 외로워하는 경향이 있습니다. 또 최근에 좌절을 겪은 경험이 있는 경우, 반려동물에 대해 생각하는 것이 친한 친구에 대해 생각하는 것만큼이나 행복감을 높여주죠. 물론 반려동물로부터 얻는 정서적인 지지는 우리가 그렇게 인식하는 것뿐이기는 합니다. 개나 고양이는 당신과 실제 대화를 할 수 없기 때문이죠. 하지만 반려동물이 우리에게 관심을 보이고 집중한다는 기분이 들 때, 사람과 소통할 때와 똑같은 많은 혜택을 얻을 수 있습니다. 정서적 혜택 면에서 개와 고양이 사이에 차이를 찾지는 못했어요. 사실상 차이점은 우리가 반려동물을 의인화하는 데에서 생겨납니다. 당신이 이구아나에게도 사람과 비슷하게 동정심이나 감정이 있다고 생각한다면, 이구아나는 골든레트리버와 다를 바가 없어요. 모두가 동물을 키우는 사람의 시각에 달린 겁니다."

— 앨런 맥코널

밖을 내다보면 피로가 풀린다

야외에서 시간을 보내고 자연환경을 둘러보는 것이 얼마나 행복감을 높여주는지에 대해서는 이미 수많은 연구 결과가 나와 있다. 그런데 등산을 할 시간이 없어도 그저 나무를 쳐

다보는 것만으로 스트레스가 줄어든다는 사실을 아는가?

수감자들을 대상으로 한 연구에서는 자신의 감방에서 자연 풍경을 내다볼 수 있는 수감자는 그렇지 못한 수감자보다 스트레스로 인한 질병에 걸릴 확률이 더 낮았다. 쓸개 질병에서 회복 중인 환자들을 대상으로 한 또 다른 연구에서는 침대에 누운 채로 나무를 볼 수 있는 환자들이 그렇지 못한 환자들보다 더 빠른 속도로 회복했음이 밝혀졌다.

나무를 보는 것은 스트레스를 줄이는 것 말고도 집중력을 높이는 데 도움이 된다. 대학생들을 대상으로 한 비교 연구도 있다. 기숙사 방에서 자연환경이 내다보이는 학생들은 주차장이나 도로가 보이는 학생들보다 집중력이 높고, 정신적 피로도 덜 느꼈다.

사무실 근처나 집 근처에서 나무와 자연환경이 잘 보이는 곳을 찾아보자. 하던 일을 멈추고 잠시 주변을 둘러보며 자연과 함께 있음을 느낀다면, 더욱 편안한 하루를 보낼 수 있을 것이다.

스트레스를 없애주는 특별한 물건

기분이 나쁠 때는 촉각이 더욱 예민해진다. 두 명의 마케팅 연구원이 다섯 차례의 실험을 통해 부정적인 정서 상태의 사람들이 사물의 촉감에 특히 더 민감하다는 사실을 알아냈다. 무언가를 묘사하는 경우에도 긍정적인 기분일 때는 주로 시각적인 용어를 사용하는 반면, 기분이 나쁠 때는 촉각적인 용어를 사용했다.

감각적으로 더욱 예민한 상태인 피험자들은 '더욱 향상된 촉각 자극에서 더 긍정적인 쾌락적 반응'을 얻었다. 연구원들은 이 결과가 우리의 진화론적 생물학 기능에서 나온 것이라고 보았다. 다치거나, 아프거나, 심신이 취약할 때 우리를 보호할 수 있는 물건에서 온기와 안정을 찾고자 하는 생물학적 욕구가 생기는 것이다.

부드러운 물체를 손 닿기 쉬운 곳에 두고 촉각적인 안정을 찾도록 노력해보자. 당신이 힘든 하루를 보낸 뒤라면 더욱 예민하게 촉각을 느낄 텐데, 그 감각이 마음을 안정시키는 데 도움이 될 것이다.

스트레스를 받거나 불안할 때면 마음이 차분해지는 음악을 듣는 것만으로도 마사지를 받는 것만큼이나 마음이 편해질 수 있다. 한 연구팀이 불안증에 시달리는 68명의 피험자를 모아 세 가지 방 중에 무작위로 하나씩 들어가게 했다. 첫 번째 방에서는 마사지를 받을 수 있고, 두 번째 방에서는 마사지 테라피, 따뜻하게 한 패드와 수건을 몸의 여러 부위에 올려놓는 온열 요법을 받을 수 있으며, 세 번째 방에서는 CD 플레이어로 마음이 편안해지는 음악을 틀어준다. 피험자들은 12주에 걸쳐 매주 한 시간씩 총 열 번 실험에 참가했다.

세 그룹 모두 불안감 테스트에서 상당한 개선을 보였지만 마사지나 온열 요법이 단순히 음악을 듣는 것보다 훨씬 효과적이라는 증거는 없었다. 또 연구팀은 세 그룹에서 공통으로 찾을 수 있는 안전한 환경, 잠시 한가로운 시간을 가질 기회, 심호흡을 하라는 지시가 불안감을 완화한 요인일 수 있다는 결론을 내렸다.

한 번에 200달러나 드는 마사지는 집어치우고 마음을 편하게 해주는 음악을 내려받아 들어보는 건 어떨까. 방 하나를 휴식의 방으로 만들어 바쁜 일상에서 잠시 탈출하여 단 30분 만이라도 음악을 들으며 쉴 수 있는 곳으로 삼아보자.

텔레비전을 끄면 저녁이 즐거워진다

텔레비전은 많은 즐거움을 주지만, 텔레비전에서 흘러나오는 은은한 불빛은 도리어 기분이 나빠지게 할 수 있다. 35년에 걸쳐 개별 면담을 통해 변화하는 사회적 특징과 사람들의 태도를 알아보는 미국종합사회조사GSS의 데이터를 가지고 행복한 사람들이 불행한 사람들과 다른 점이 무엇인지 살펴본 연구팀이 있었다. 그들은 4만 5000여 명이 여가 시간에 하는 일에 대한 정보를 분석한 뒤, 응답자들의 자기 보고에 따라 행복 지수를 매겼다.

연구팀은 행복한 사람들이 사회 활동, 종교 활동, 신문 읽기 등에 더 많은 시간을 쓴다고 밝힌 데 주목했다. 행복과 부정적인 상관관계를 보인 유일한 활동은 텔레비전 시청이었다. 즉, 평균보다 텔레비전을 더 많이 본다고 답한 사람들은 더 불행하다고 응답했다. 불행한 사람들이 현실에서 벗어나기 위해 텔레비전을 이용하는 것일 수도 있으니 이 연구가 텔레비전 시청이 불행을 가져온다는 사실을 명확하게 증명하지는 못하지만, 둘 사이에 상관관계가 있다는 것은 확실히 보여주었다.

오늘 저녁에는 텔레비전 앞에서 벗어나 친구들에게 전화

를 걸어보자. 텔레비전 시청 습관을 뒤돌아보고 시청 시간을 줄인다면 오늘은 어제보다 더 편안하게 하루를 마무리할 수 있을 것이다.

3장에서 물건보다 경험을 구입하는 것이 더 큰 행복으로 이어질 수 있다는 이야기를 했다. 사실 물건이든 경험이든, 무언가를 사는 행동은 다음 세 가지 행복감을 만들어낸다. 바로 기대 행복, 일시적 행복, 여운 행복이다.

이 중 집에서 시각적인 도구를 통해 기대 행복을 더욱 높일 수 있는 아주 간단한 방법이 있다. 바로 저금통이다. 새 신발이든 여행 계획이든, 저금통을 보면 돈을 모으는 목표를 저절로 떠올리게 되기 때문이다.

저금통이 반드시 클 필요도 없다. 실제 실험에서도 약 20달러의 제품 구매를 목표로 했다. 대신 목표에 집중하는 것은 물론 기대 행복을 극대화할 수 있도록 돈을 모으는 이유를 적어놓는 게 좋다. 무언가 계획 중인 소비 활동이 있다면, 저금통을 마련하고 거기에 돈을 모으는 이유를 적어 물건 구매로부터 얻는 행복감을 더욱 키워보자.

집은 사는 것보다 임대하는 게 좋다

'집을 살 것인가 임대할 것인가?'라는 문제는 지난 수십 년 동안 많은 사람을 괴롭혀왔지만, 확실하고 선택하기 쉬운 답은 여전히 없다. 예산부터 가족 규모, 위치까지 다양한 고려 사항이 있기 때문이다. 그런데 행복감을 높이고 싶어 하는 사람에게는 그 답이 꽤 쉽다. 바로 임대다.

영국의 일간지 《텔레그래프》에서 5800명을 대상으로 집을 임대하는 것과 소유하는 것 중 어느 편이 더 행복한지 알아보았다. 설문은 집 임대와 소유 후의 재정 상황이 행복과 스트레스에 미치는 영향을 알아보기 위한 것이었고, 결론적으로 단독 주택을 임대해 사는 사람이 가장 스트레스를 덜 받는 것으로 나타났다.

물론 소득 중 주거 비용의 비중이 가장 큰 부류가 집을 임대해서 사는 사람들이었다. 하지만 집을 소유한 사람 역시 돈을 가장 큰 걱정거리로 꼽는다는 점에서는 다를 바가 없었다. 또한 방 한 칸이나 단독 주택을 임대한 사람들은 집을 소유한 사람에 비해 워라밸이 잘 갖춰져 있다고 생각하는 것으로 나타났다. 그뿐 아니라 자가 소유자들이 행복의 열쇠를 여행이라고 꼽은 데 비해 임대해 사는 사람들은 집에서 더욱 편안하게 휴식을 취하는 것이라고 응답했다.

참고로 집을 사거나 임대할 때는 직장과의 거리를 고려하는 것이 좋다. 오랜 통근 시간은 행복감에 심각한 악영향을 미칠 수 있기 때문이다. 스웨덴의 한 연구팀에 따르면 통근 시간이 길어질수록 행복도도 낮아졌다. 또한 앞서 살펴봤듯 대중교통이나 차를 이용하는 것보다 걷거나 자전거를 타는 것이 더 행복감을 주는 것으로 나타났다.

집을 사거나 임대할 때는 통근 시간을 중요하게 고려하자. 걷거나 자전거를 탈 수 있을 만큼 가까운 곳이면 더욱더 좋을 것이다.

행복해지고 싶다면 분리수거부터

친환경 생활은 지구에 좋을 뿐 아니라 그것을 실천하는 사람 또한 훨씬 기분 좋게 해준다는 사실이 확인되었다. 덴마크 행복연구소에서 환경에 도움을 주는 행동과 개인의 행복 간 관계를 조사했다. 그 결과, 재활용하고 퇴비를 직접 만들며 절약형 수도꼭지나 전자제품을 사용하는 사람들의 행복감이 조금 더 높게 나타났다. 유럽 14개국의 데이터에서도 재활용을 실천하는 사람들은 그렇지 않은 사람들보다 평균적으로 더 행복한 것으로 나타났다. 또 자동차 대신 자전거를 타고 출퇴근하거나 충분한 양의 세탁물이 모일 때까지 기다렸다가 세탁기를 돌리는 등 친환경적으로 사는 사람들 역시 더 성취감 있고 행복한 삶을 살고 있다고 응답했다. 중국 14개 도시 사람들을 대상으로 한 조사에서도 쓰레기를 줄이고 에너지를 절약하기 위해 노력하는 사람들이 그렇지 않거나 조금 그렇게 하는 사람들보다 삶의 만족도 면에서 더 높은 점수를 보였다.

연구팀은 여기에 진화론적인 이유가 있다고 설명했다. 사람들은 종種의 생존 가능성을 조금이라도 높여줄 수 있는 활동에 참여할 때 기쁨을 느낀다는 것이다. 이런 행동은 또한 더 높은 개인적 성취감이나 사회 공동체를 향한 소속감으로도 이어진다고 한다. 아니면 그저 쓰레기를 치울 수 있다는 것만으로도 기쁘기 때문 아닐까.

환경 보호는 아주 사소한 행동에서 시작한다. 재활용 통을 마련하고, 음식물 쓰레기로 퇴비를 만들어보자. 그게 아니라도 대자연을 도와줄 수 있는 무언가를 해보자. 지금 당장 실천할 수 있는 일이 반드시 한 가지 이상은 있을 것이다.

"행복은 여가 시간에 달려 있다.
우리는 늘 여가를 갖기 위해 바쁘게 일하고,
평화 속에 살기 위해 전쟁을 벌이기 때문이다."

– 아리스토텔레스Aristoteles

Chapter 6.

행복한 사람 주변에 사람들이 모이는 이유

친구란 한가로운 오후 시간을 보내기 위해 또는 영화를 보기 위해 아니면 술 한잔을 함께 기울이기 위해 만나는 사람이다. 또한 당신이 견디기 힘든 상황에 부닥쳐 있을 때 그 모습 그대로 보는 사람이자, 당신이 큰 업적을 달성했을 때 가장 먼저 알려주고 싶은 사람, 당신이 좌절이나 상실을 겪고 괴로워할 때 도와주는 사람이기도 하다.

친구는 인생에서 큰 변화를 시도할 때는 물론, 일이 잘 풀리지 않을 때 당신을 받아주는 안전망이 되기도 한다. 물론 때로는 당신을 실컷 곯리기도 하지만 말이다. 바로 이런 사람이기에 우리의 정서적 행복에 크나큰 영향을 미칠 수밖에 없다. 연구에 따르면 행복한 친구를 두었을 때 나의 행복감은 15.3퍼센트 높아질 수 있고, 그가 가까이에 살면 더 높아질 수 있다고 한다. 또한 좋은 친구를 둔 사람들은 불행한 일이 일어나도 잘 극복하며 심지어 수명도 더 길다. 친구의 수, 친구의 구성, 그들과 상호작용하는 방식 등은 크고 작은 면에서 당신의 행복을 만들어낸다.

그렇다면 행복한 친구 공동체를 만들고 우정에 재미를 더하는 비결은 무엇일까? 이 장에서는 여러 연구를 바탕으로 정서 지능을 개발하고, 새로운 친구를 사귀고, 오래 지속하는 우정을 쌓는 방법을 알아보겠다.

인간관계의 최대치는 150명이다

한 사람이 유지할 수 있는 의미 있는 인간관계의 수는 약 150이라고 한다. 그 숫자를 정한 사람은 영국의 유명한 인류학자 로빈 던바다. 그래서 이 숫자를 '던바의 숫자'라고도 한다. 이 이론은 영장류가 서로의 털을 다듬어주는 것을 관찰하던 연구에서 출발하여 한 종이 속하는 집단의 크기는 그 종이 가진 두뇌의 특정 부분 크기를 반영한다는 가설을 인간에게도 확장 적용한 것이다.

던바의 논리를 인간에 적용하면 우리는 100명에서 200명, 즉 평균 150명의 친구를 가질 수 있다. 이 숫자는 사람의 이름을 잊거나 그 사람을 누구를 통해 알게 되었는지 잊어버리기 전까지 유지할 수 있는 지인들을 모두 포함한다.

150이라는 숫자는 단순히 어림짐작으로 나온 것이 아니다. 던바와 동료들은 그 숫자를 뒷받침하는 증거를 다양한 곳에서 찾아냈다. 우선 대부분의 군대에서 한 중대의 규모는 130에서 150명 사이다. 아미시파, 메노파, 후터파 같은 종교 공동체는 보통 150명으로 이루어져 있으며 규모가 그 이상으로 커지면 둘로 분리된다. 한 영국 가정에서 크리스마스에 보내는 카드의 평균 숫자가 약 150장이라는 조사 결과도 있다. 소셜 미디어에서 맺는 친구의 숫자는 만 명 단위로 커졌지만, 우리가 관리할 수 있는 실질적인 친구의 수는 놀라울 만큼 변함없이 유지되고 있다.

이 마법의 숫자는 던바가 '인맥의 원circles of acquaintanceship' 이라고 부른 여러 개의 동심원으로 분리될 수 있다. 그중 중심에 가장 가까운 작은 원은 가장 가까운 친구 다섯 명, 그 다음으로 큰 원은 그다음으로 친한 열다섯 명, 그다음 원은 그다음으로 자주 만나는 50명의 친구를 뜻하며, 150명의 원은 멀리 사는 친구와 친지를 뜻한다. 그다음으로 500명의 원이 있고, 마지막으로 던바가 일반적인 부족의 규모라고 칭한 1500명의 원이 있다.

당신을 둘러싸고 있는 인맥의 원을 살펴보자. 당신과 가장 가까운 친구는 누구인가? 어떤 친구를 안쪽의 작은 원으로 옮겨주고, 어떤 친구를 더 큰 원으로 내보내야 하겠는가?

친구의 성격이 행복을 좌우한다

감기나 하품처럼 행복도 전염된다. 주변을 행복한 사람들로 채우는 것이 자신의 주관적 행복감을 높이는 데 도움이 된다는 건 이미 밝혀졌다. 그런데 그것을 넘어서 친구의 친구, 즉 당신이 잘 알지 못하는 그 사람들까지도 당신의 행복에 영향을 미칠 수 있다는 사실을 알고 있는가?

하버드 대학교와 캘리포니아 대학교의 연구팀은 미국의 대단위 역학 조사인 프레이밍햄 심장 연구에 응답한 4739명의 응답자를 조사하여 이 같은 사실을 밝혀냈다. 매사추세츠주 프레이밍햄 지역 주민들은 10여 년에 걸쳐 자신의 행복과 사회적 인맥 등에 관한 질문에 성실히 답변했다. 이러한 답변을 상호 참조한 연구원들은 행복하다고 답한 사람들은 '무리'를 이루고 있고, 가장 큰 행복감을 표시한 사람들이 그 무리의 중심에 있다는 사실을 알아냈다.

연구팀은 이러한 수치를 바탕으로 각 인맥의 행복도와 구체적인 행복 가능성의 관계를 규명해냈다. 예컨대 당신의 인맥이 행복할 때 당신이 행복할 가능성은 다음과 같다.

- 가족 구성원이나 가까운 친구가 행복할 때: 15.3퍼센트
- 가족 구성원이나 친구의 친구가 행복할 때: 9.8퍼센트
- 가족 구성원이나 친구의 친구의 친구가 행복할 때: 5.6퍼센트

이걸 보면 당신의 인맥에 행복한 사람들을 추가해야겠다는 생각이 들 것이다. 행복한 사람들과 어울리는 것만으로도 당신이 행복을 찾을 가능성이 크게 높아지니 말이다.

참고로 행복한 사람들과 어울려 자신의 행복도를 높이고 싶다면 접근성, 즉 거리도 중요하다. 프래이밍햄 심장 연구를 바탕으로 한 같은 연구에서 행복한 친구로부터 1.6킬로미터 이내에 사는 사람은 행복해질 가능성이 25퍼센트 더 높

았다. 또, 옆집 사람이 불행하다가 행복해졌다면 당신의 행복 역시 34퍼센트 더 커질 수 있다는 결과가 나왔다.

"페이스북을 사용하고 온라인에서 시간을 보내는 젊은이들은 서로 잘 접속되어 있긴 하지만 점점 더 외로워합니다. 어떤 면에서 그들은 진정한 우정이나 친밀감의 중요성을 이해하지 못하지요. 자신이 얼마나 행복하게 살고 있는지, 얼마나 잘 해내고 있는지 세상에 뽐내기만 하면서 여러 유형의 우정을 구분하지 못한다면 진정한 우정은 얻을 수 없습니다. 행복을 자랑하거나 자기 모습을 애써 꾸며낼 필요 없이 있는 그대로의 모습을 드러낼 수 있는 진정한 우정 말이죠. 소셜 네트워크에 아침부터 밤늦게까지 접속해 있어도 진정한 우정의 혜택은 얻을 수 없습니다. 우정을 얻기 위해 시간을 투자할 필요가 없다는 생각, 이렇게만 해도 친구를 가질 수 있다는 생각은 허상입니다."

— 야이르 아미샤이-함부르거Yair Amichai-Hamburger,
이스라엘 학제 센터 커뮤니케이션 사미 오페르 대학원 인터넷 심리학 연구소장이자
『인터넷 심리학 기초Internet Psychology: The Basics』 저자

행복은 전염성이 강하다

행복한 사람과 가까이 있을수록 행복감이 커진다는 사실은

호르몬의 영향일 수도 있다. 우리 몸에서 분비되는 땀은 두려움부터 성적 흥분에 이르기까지 다양한 신호를 보내는데, 가까이 있는 사람은 이를 느낄 수 있다. 그리고 행복과 같은 긍정적인 감정도 냄새를 통해 전달되고, 가까이 있는 사람들의 행복감까지 높여준다.

네덜란드 위트레흐트 대학교 심리학 연구팀은 이 가설을 실험하기 위해 열두 명의 남성 참가자를 따뜻하고 어두운 방에 앉게 했다. 그런 다음 그곳에서 디즈니의 영화 「정글북」에 등장하는 주제가, 지루한 일기 예보, 영화 「샤이닝」의 무서운 장면 등 서로 다른 감정을 유발할 수 있는 영상을 차례대로 보여주었다. 그러는 동안 흘린 땀을 멸균 패드에 묻히게 했다. 그런 뒤 36명의 여성에게 각각 패드의 냄새를 맡은 다음 땀 냄새의 유쾌한 정도와 강도를 평가하게 했다. 연구원도 피험자도 누구의 땀인지 모르는 상태에서 다른 변수들을 통제했을 때, 행복한 영상을 본 사람의 땀 냄새를 맡은 여성 피험자들이 다른 땀 냄새를 맡은 피험자들에 비해 조금 더 쾌활하게 의사 표현을 하고 더 긍정적인 기분을 느꼈다고 말했다.

연구팀은 이것이 땀을 흘린 사람과 냄새를 맡은 사람 사이의 '행동 동기화'를 보여준다고 밝혔다. 물론 이리저리 돌아다니며 행복한 사람들의 땀 냄새를 맡고 다니는 게 행복감을 높이는 가장 효율적인 방법은 아니겠지만, 행복한 사람이 주변 사람에게 행복을 전해줄 수 있다는 건 확인할 수 있다. 어떤 면에서 행복이 스며든 땀은 마치 미소 같이 전염성이 있는 것이다.

밝고 쾌활한 사람들로 주변을 채워보자. 그들의 존재감이 당신도 모르게 당신 마음속에도 행복을 가져다줄 것이다.

좋은 친구를 만드는 사소한 행동

친숙함은 우정을 불러온다. 한 연구팀이 서로 모르는 사람 두 명씩을 한데 붙여놓고, 함께 있는 시간을 달리한 채 서로 대화를 나누게 했다. 그 결과 피험자들은 더 많이 소통할수록 서로에게 더 끌렸다고 답했다. 이 실험을 한 심리학자들에 따르면 그러한 원리에는 세 가지 요인이 작용한다. 첫째 상대방이 내 말에 반응한다는 느낌, 둘째 상호작용을 하는 동안 느껴지는 편안함과 만족감, 그리고 마지막은 상대방을 알게 되었다는 느낌이다.

이처럼 만나서 시간을 보내는 것이 우정의 80퍼센트를 차지한다. 우정을 쌓고 싶다면 친구가 될 가능성이 있는 사람들과 더 많은 시간을 보내도록 노력을 기울여라.

그렇다면 만났을 때 어떤 대화를 나누는 것이 좋을까? 학술지 「인격과 사회 심리학 회보Personality and Social Psychology Bulletin」에 실린 실험 결과를 살펴보자. 연구팀은 학생들을 둘씩 짝지어 서로에게 일련의 질문을 던지게 했는데, 그중 몇 팀은 아주 개인적인 이야기까지 하게 했고, 몇 팀은 사소한 잡담만 주고받게 했다. 실험이 끝나고 개인적인 이야기를 주고받은 학생들은 상대에게 매우 깊은 유대감을 느꼈다고 표현했다. 그중에서도 약 30퍼센트의 응답자는 그 관계가 현재 맺고 있는 가장 친밀한 관계보다도 가깝게 느껴진다고 답할 정도였다. '속내를 드러낸' 그룹의 절반 이상이 실험이 끝난 뒤에도 서로 연락을 하고 지냈고, 3분의 1 이상은 다시 만나 함께 시간을 보냈다고 한다. 처음 보는 사람과도 개인적인 이야기를 나누면 꽤 끈끈한 유대관계를 맺을 수 있다는 점을 보여준 것이다.

다음번에 친구를 만나 술이나 차를 마실 때면 단순한 가십거리 말고 당신의 개인적인 기분과 느낌을 허물없이 이야기해보자. 속내를 드러내는 데에서 우정이 자라난다.

"적극적인 경청은 친구 사이, 동료 사이, 가족 간, 연인 간에 더 큰 만족감을 만들어낼 수 있는 실질적인 과정입니다. 말하는 사람에게 최대한의 정서적 지지를 제공하기 때문이죠. 상대가 마음으로 날 응원하고 있다고 느끼며 우정이 생겨날 때 자신의 속내를 드러내는 비중이 더 커집니다. 자기 개방, 즉 처음 만난 사람에게 자신에 대해 알려주는 정보는 더욱 즉각적인 유대감이 생겨나게 합니다. 이것이 다시 인간관계에서 더 큰 만족감을 불러오고요."

— 엘리자베스 M. 미네이Elizabeth M. Minei,
뉴욕 시립대학교 바루크 칼리지, 커뮤니케이션 부교수

친구가 적어도 상관없다

친구가 많다고 언제나 더 즐거운 건 아니다. 친구가 많다는 건 당신이 호감 가는 사람이라는 뜻이 될 수는 있지만, 반드시 행복한 사람이라는 뜻은 아니기 때문이다. 다수의 연구에 따르면 우정의 질적 우수성이 전반적인 행복과 가장 밀접한 연관성을 보였다. 날 때부터 행복감을 잘 느끼는 사람일지라도 우정이 깊어지는 데 시간과 노력을 투자하면 삶이 더욱 특별해지고, 행복한 감정을 더 크게 느낄 수 있다. 소수의 가까운 친구에게 먼저 집중해서 깊은 우정을 쌓으라는 얘기다.

하지만 그저 알고 지내는, 즉 약한 유대관계에 있는 사람들도 우리의 행복감을 높이는 데 한몫한다는 사실이 확인되었다. 한 교실 안의 학생들 간 관계를 파악한 한 연구에서 절친한 친구가 아닌 동급생들과도 매일 많은 상호작용을 한 학생이 그렇지 않은 학생들보다 더 행복하다고 느끼고, 더 큰 소속감을 느끼는 것으로 나타났다.

연구팀은 "우리는 커피숍 직원, 일터의 동료, 같이 요가 수업을 듣는 사람, 개를 산책시키다 만난 사람들과 가벼운 잡담을 합니다. 이런 상호작용도 우리의 행복에 기여할 수 있습니다. 가까운 친구나 가족과의 상호작용보다 어쩌면 훨씬 더 많이요"라고 말했다. 또한 오랜 기간 지속한 우정이 반드시 질적으로 우수한 우정인 것은 아니지만, 깊이 알지는 못해도 오래 알고 지내온 친구가 행복에 중요한 기여를 할 수 있다는 사실도 많은 연구에서 밝혀졌다.

그뿐만이 아니다. 약한 유대관계의 사람들은 창의성에 도움을 줄 수 있다. 에머리 대학교 고이수에타 경영대학원의 질 페리-스미스Jill Perry-Smith는 강한 유대관계의 사람들은 창의성과 별다른 관련이 없지만, 약한 유대관계의 사람들은 개인의 창의성을 높여줄 수 있다고 밝혔다. 약한 유대관계의 사람들이 대안을 창출하고 자율적으로 사고하도록 독려한다는 것이다.

좁고 깊은 우정도 좋지만, 행복감을 더욱 높이고 싶다면 지인들을 통해 '친구 포트폴리오'를 다각화하는 게 어떨까. 약한 유대관계에 있는 사람들도 당신 삶의 중요한 일부라고 생각해보자.

직장 동료를 훌륭한 친구로 삼기

앞서 살펴본 바와 비슷한 논리가 직장 동료 간 우정에도 적용될 수 있다는 사실이 밝혀졌다. 보수적인 직장에서는 직원들이 공과 사를 구별하는 것이 더욱 좋다고 생각하지만, 직장 동료와 친하게 지내는 것이 생산성을 크게 높여주는 것으로 나타났다. 연구 결과에 따르면 동료들과 친하게 지내는 사람은 일터에서 더욱 적극적으로 관여하고 효과적으로 일한다. 상사를 실망시킬지언정 좋은 친구에게 실망을 안겨서는 안 된다고 생각하기 때문이다.

워싱턴 주립대학교의 퍼트리샤 시아스Patricia Sias와 대니얼 케이힐Daniel Cahill은 일터에서 돈독한 우정을 맺은 친구 19쌍을 살펴본 결과, 단순한 지인에서 친한 친구로 옮겨가기까지 세 단계가 필요하다고 밝혔다.

- 지인에서 친구로: 일과 연관되지 않은 주제가 자주 언급된다.
- 친구에서 가까운 친구로: 직장이나 삶에서 생겨나는 문제를 공유하면서 더욱 유대감이 생긴다.
- 가까운 친구에서 정말 친한 친구로: 시간이 흐르고 둘만 아는 일들이 생기며 유대감이 더욱 강화된다.

이 외에도 직장 동료 간 유대감을 만들어낼 수 있는 가장 강력한 동기가 있다. 바로 일이나 개인적 문제를 두고 서로 연민을 표현하는 것이다. 자신의 속마음을 다른 사람, 그것도 직장 동료에게 드러내는 일은 생각보다 어려울 수 있지만, 자신을 개방하고 그에 따르는 위험을 감수하는 것은 앞서 살펴본 깊은 우정이 만들어지는 토대가 된다. 동료와 함께 해결할 수 있는, 최소한 함께 한탄하고 위로할 수 있는 문제를 찾아보자. 직장 내 우정을 이보다 빠르게 다지는 방법은 없으니 말이다.

고마운 사람에게 줄 작은 선물을 사자

베푸는 것만큼 확실하게 행복감을 높여주는 방법은 없다. 다양한 출신, 문화, 인구통계학적 배경을 지닌 성인들을 대상으로 조사했을 때 자신에게 돈을 쓸 때보다 자선 단체에 돈을 기부하거나 남을 위해 돈을 쓸 때 가장 행복감이 높아지는 것으로 나타났다. 인류학자와 진화심리학자들은 함께 살고 기능하는 사회에서 친사회적이고 협조적인 행동을 창출하기 위해 남을 돕는 데서 보람을 얻는 감정이 생겨난 것이라고 말했다.

하지만 이타적인 행동으로 혜택을 얻는 건 성인뿐만이 아니다. 보통 성인들은 어린아이들이 자기중심적이라고 생각하는데, 만 2세 이하 아이들을 대상으로 한 실험에서 아이들도 무언가를 받는 것보다 남에게 줄 때 행복감을 표시하는 것으로 나타났다.

실험에서 아이들에게 크래커나 비스킷을 나눠준 뒤, 옆에 인형을 두고 그 인형들도 맛있는 과자를 좋아한다고 귀띔해 주었다. 인형에게 과자를 주면 과자는 통 안으로 떨어지고, 인형이 만족스럽게 '냠냠' 소리를 냈다. 그러자 아이들은 자신이 과자를 먹을 때보다 인형에게 주었을 때 더 큰 행복감을 보였다.

아끼는 친구에게 선물을 주거나 자원봉사 활동에 참여해 보는 건 어떨까? 엔도르핀에 흠뻑 취한 채로 휴일을 보낼 수 있을 것이다.

참고로 자신을 위해 무언가를 살 때 물건보다 경험이 더 큰 행복을 가져다주는 것처럼, 선물을 통해 친구와의 우정을 더욱 돈독히 하고 싶다면 친구가 '가질' 수 있는 것보다는 '할' 수 있는 것을 고르는 게 좋다. 59쌍의 친구들을 대상으로 한 연구에서 친구를 위해 물건이든 경험이든 상관없이 일인당 15달러짜리 선물을 사게 했다. 선물을 받는 사람에게는 선물을 받기 전에 한 번, 선물을 받고 며칠 뒤에 한 번, 일주일 뒤에 한 번 총 세 차례에 걸쳐 친구와의 우정의 강도에 점수를 매기게 했다. 그러자 경험 선물이 물건 선물보다 우정의 강도에 더 큰 영향을 미친 것으로 나타났다.

관계를 끊어야만 하는 사람

지나치게 베푸는 것이 오히려 사회적 유대감에 해를 끼친다는 결과도 있다. 한 연구에 따르면, 일터에서 남의 마음에 들려고 과도하게 애를 쓰는 사람은 오히려 비호감이 될 수 있다는 것이 밝혀졌다.

워싱턴 주립대학교와 라스베이거스 사막연구소 합동 연구팀이 피험자들에게 게임을 하게 했다. 실험 참가자 한 명과 사람으로 가장한 네 개의 컴퓨터 시뮬레이션을 하나의 그룹으로 구성했다. 게임이 끝나면 그룹에 주어진 보상에서 자신이 원하는 만큼 가져갈 수 있었다. 서너 번의 게임 끝에 피험자들은 나머지 네 명이 자기 그룹에 남아주기를 바라는 만큼 점수를 매겼다. 예상한 대로 기여한 바는 거의 없으면서 자기 몫을 과도하게 챙겨간 사람들이 적당히 기여하고 적당히 가져간 사람들보다 낮은 점수를 받았다.

그런데 동시에 그 반대로 한 사람들, 즉 많이 기여하고도 거의 가져가지 않은 사람들도 팀에서 빠졌으면 하는 사람들로 뽑혔다. 추가 실험과 질문을 통해 연구팀은 자기 것은 챙기지 않고 더 많이 기여하려는 사람들을 팀에서 내보내는 것이 어리석은 행동처럼 보이긴 하지만, 평등을 향한 욕구가 그러한 행동을 촉구했다고 보았다. 연구팀은 이것이 이타적인 사람을 향한 경쟁심, 즉 그 사람들과 보조를 맞추려면 자기 것을 더 내줘야 한다고 느끼게 되는 부담감 또는 지나치게 관대한 사람이 사회 규범을 깨뜨리고 있다는 분노에서 기인한 것으로 보았다.

베풀 때는 균형을 맞춰라. 친구에게 3년 연속 생일 선물을 사주었는데 그 친구는 당신에게 한 번도 준 적이 없다면 이제 베풀 대상을 새로 찾아야 할 때가 된 것인지도 모른다.

때로는 남들의 시선이 더 중요하다

당신의 통장 잔액이나 당신이 가진 값비싼 물건보다 당신 친구가 그것들을 어떻게 생각하느냐가 주관적인 행복감에 더 큰 영향을 미친다는 사실을 알고 있는가? 한 연구 결과에 따르면 삶의 만족도나 긍정적 또는 부정적 감정의 정도는 당신의 사회적 그룹, 즉 당신이 얼굴을 마주치는 사람들의 존경과 감탄에 큰 영향을 받는다고 한다.

그 밖의 여러 연구에서도 주관적인 행복감의 예측 변수로서 사회경제적 지위보다는 '사회 계층적 지위'가 더 중요한 것으로 일관되게 나타났다. 즉, 비슷한 친구들 사이에서 지위가 올라갔을 때가 실제로 수입이 늘어났을 때보다 훨씬 더 큰 행복을 느끼게 한다는 얘기다. 연구팀은 '계층 사다리'를 빗대 이것을 '지역 사다리 효과'라고 불렀다.

정서 지능을 기르는 방법

정서 지능이란 자신의 감정에 대처하거나 남의 감정에 반응하는 능력을 말한다. 이는 인간이 직관적으로 가지고 있는 본능처럼 여겨지기도 한다. 하지만 심리학자 대니얼 골먼Daniel Goleman의 연구에 따르면, 이 능력은 노력을 통해 개발할 수도 있다고 한다. 그가 개발한 정서 지능의 다섯 가지 역량 모델은 다음과 같다.

- 자기 인식: 자신의 감정을 이해하고 무엇이 자신의 감정을 폭발시키는지 아는 능력
- 자기 관리: 과도한 감정 분출을 피하는 능력. 감정이 삶과 인간관계에서 문제를 만들어내는 것을 막는다.
- 공감: 타인의 감정을 이해하고 반응하는 능력
- 사회적·인간관계 기술: 공감 능력을 적극적으로 적용하는 능력. 타인과 유대관계를 맺고 필요할 때 설득력을 발휘한다.
- 동기: 목표 달성을 향해 자신을 밀어붙이는 능력

이 다섯 가지 정서 지능 중 당신이 가장 노력해야 하는 부분이 어디인지 알아보고, 다음 방법에 따라 개발해보자.

- 자기 인식: 하루 중 자신의 감정과 반응을 일기에 써본다.
- 자기 관리: 화가 날 때 심호흡을 하면서 열까지 센다.
- 공감: 타인의 감정적 욕구에 관심을 돌린다.
- 사회적·인간관계 기술: 타인이 자신에 관해 이야기할 것을 독려한다.
- 동기: 프로젝트를 선제적으로 시작한다.

어떻게 하면 더 잘 싸울 수 있을까

불만을 표시하는 행동은 행복감을 조금씩 갉아먹을 수 있다. 한 연구에 따르면 수시로 불만을 표출하는 사람은 자제하는 사람보다 기분이 더 자주 나빠지고, 한번 기분이 나빠지면 그 상태가 더 오래가는 것으로 나타났다. 그렇다면 어떻게 불만을 표시해야 조금이라도 더 행복할 수 있을까?

누군가에게 다른 사람을 비난하거나 실망스러운 제품을 욕한다고 해서 자신이 원하는 반응이 나오는 경우는 많지 않다. 왜냐하면 자신을 화나게 한 장본인이 아니라 친구나 사랑하는 사람처럼 애먼 이들에게 스트레스를 풀기 때문이다. 그런데 여러 연구에 따르면, 조금 더 건설적으로 불만을 해소하는 방법이 있다고 한다. 이 주제에 관해 책을 집필한 심리치료사 가이 윈치Guy Winch는 문제를 해결하는 데 목표를 두고 불만을 제기하면 더 만족스럽고 효과적인 결과를 얻을 수 있다고 말한다.

윈치가 '불만 샌드위치'라고 칭한 이 방법은 다음의 3단계로 되어 있다. 1단계는 '상대의 귀 열기'다. 우선 불만을 듣는 상대의 긴장을 풀어주어 그 사람이 방어적으로 나오지 않도록 대화를 시작하는 것이다. 예를 들어 불만을 제기하려 통신사에 전화를 건다면, "전화를 빨리 받아주셔서 고마워요"라고 먼저 말한다. 그런 다음 2단계, 바로 불만으로 넘어간다. "그런데 이번 달 전화 요금이 이상하게 많이 나온 것 같네요"라고 말이다. 3단계는 '소화제'로서 맨 처음의 귀 열기와 비슷하게 긍정적인 표현을 사용한다. "귀사의 서비스에 항상 만족하고 있어요. 간단히 해결될 문제면 좋겠네요"라고 말한다. 이런 과정을 따르면 상대방이 긍정적인 반응을 보이는 것은 물론 당신도 그 과정에서 기분이 훨씬 좋아질 것이다.

이 외에도 행복한 사람들은 불만을 표시할 때 나름의 방법이 있다고 한다. 한 연구팀이 410명의 대학생에게 애인의 어떤 점이 가장 큰 불만인지 물었다. 조사 결과 더 신중한 방식으로 불만을 제기한 사람들, 즉 이성적으로 문제를 고치겠다는 목적으로 접근한 사람들이 더 행복한 것으로 나타났다. 연구팀은 자신과 상대의 감정에 신경 쓰는 사람들은 불만을 제기할 때도 수위를 조절하며 감정적으로 표출하기보다는 핵심 부분만을 제기한다는 결론을 내렸다.

상대방에게 불만을 퍼붓고 싶더라도 잠깐 멈춰라. 단순히 불만을 말하기보다는 상황이 어떻게 바뀌기를 바라는지, 어떻게 개선할 수 있을지를 먼저 생각해라.

불만을 표출하는 데 효과적인 방법이 있듯 사과하는 데에도 효과적인 방법이 있다. 모든 사과가 똑같이 잘 통하는 것은 아니다. 한 연구팀은 무엇이 차이를 만들어내는지 알아보기 위해 사과를 공감의 표현, 사회 규범을 위반했음을 인정하는 표현, 보상을 제안하는 표현 등 세 가지로 나뉜 각각의 요소가 사과의 효과에 어떤 영향을 미치는지 실험했다.

그 결과 사과의 효과는 사과를 받는 사람의 '주관적인 가치관'에 따라 정해지는 것으로 나타났다. 즉, 사과하는 사람이 상사나 회사 선배 등 자신의 인간관계에 얼마나 기여하는가를 잘 아는 사람은 보상 제안에 가장 큰 영향을 받는다. 또, 팀원 등 인간관계를 더 큰 공동체의 일부로 여기는 사람은 사회 규범을 위반했음을 인정하는 사과를 더 잘 받아들인다. 그리고 연인에게 사과할 때에는 공감을 강조하는 것이 낫다. 예를 들어 화가 난 상대에게 "내가 저지른 실수에 실망했다는 것 잘 알아요"라고 말하는 것이다. 반대로 친구에게 사과할 때에는 더 광범위한 사회적 규범에 집중하는 것이 좋다.

따라서 사과를 가장 효과적으로 하는 방법은 각각의 요소가 모두 포함되게 하면서 상대가 가장 중요하게 여기는 것을 알아내 거기에 초점을 맞추는 것이다. 이처럼 효과적인 사과를 한다면, 상대가 사과를 받아주지 않으면 어쩌나 전전긍긍할 필요가 없지 않을까?

자존감을 높여주는 친구를 사귀어라

노던 애리조나 대학교 연구팀은 어떤 유형의 우정이 가장 행복감을 높여주는지 가려내기 위해 4382명의 대학생을 대상으로 서로 다른 우정 경험이 행복에 미치는 영향을 알아보았다. 연구팀은 온라인 설문 조사를 통해 다음 세 가지 영역에서 절친 간 유대감의 질을 평가하게 했다. 첫 번째 영역은 자본화다. 친구가 자신의 기분을 좋게 해주며 자신도 친구의 기분을 좋게 해주는지를 물었다. 두 번째 영역은 인지된 중요성이다. 응답자가 절친에게 중요한 사람인지를 물었다. 마지막 영역은 심리적 욕구의 충족이다. 절친과 교감하는 것처럼 느끼는가, 그리고 절친과 함께 있을 때 유능하다는 기분이 들고 자기 자신을 있는 그대로 표출할 수 있는지를 물었다. 그런 다음 결과를 응답자 각각이 답한 행복 수준에 비추어 분석해보았다.

연구팀은 행복도를 예측하는 데는 세 가지 영역 중 욕구 충족이 가장 중요한 요소임을 알아냈다. 이후 연구 내용을 더욱 심화하여 분석하자 세 가지 심리적 니즈 중에서 가장 정확하게 행복을 예측할 수 있는 변수는 유능해지고 싶다는 심리적 욕구를 충족시켜주는 절친을 갖는 것이라는 결론이 나왔다.

행복해지고 싶다면 유능한 사람이 된 것처럼 느끼게 해주는 친구를 찾고, 그 친구에게도 똑같이 해주어라. 친구가 당신 덕분에 행복해하는 모습을 보면 당신도 더 큰 행복을 느끼게 될 테니 말이다.

우정의 규칙

무엇이 돈독한 우정을 만들까? 그 답은 사람마다 달라질 수 있을 것이다. 1984년, 마이클 아가일Michael Argyle과 모니카 헨더슨Monika

Henderson이 가까운 사회적 관계를 유지하는 데 어떤 규칙이 중요한지 알아보기 위해 우정에 관한 국제 연구를 실시해 몇 가지 구체적인 해답을 찾아냈다.

연구팀은 영국, 이탈리아, 홍콩, 일본에서 각 나라의 설문 참가자들에게 43개의 '우정 규칙'을 제시했고, 참가자들은 우정과 관련해 각각의 규칙이 자신에게 얼마나 중요한지 답변했다. 그 후 연구팀은 지금 진행 중인 우정에서 이 규칙이 얼마나 지켜지는지, 또 이미 끝난 우정과의 차이점은 무엇인지를 묻고 특정 규칙의 위반이 우정을 깨트리는 데 구체적으로 어떤 역할을 하는지도 연구했다. 이를 바탕으로 연구팀은 우정의 강도와 지속성에서 가장 큰 영향력을 발휘하는 여섯 개 규칙을 찾아냈다. 그 규칙들은 다음과 같다.

- 성공 소식을 공유하는 것
- 정서적으로 지지하는 것
- 상대가 도움이 필요할 때 자발적으로 나서서 행동하는 것
- 함께 있을 때 상대를 즐겁게 해주려 노력하는 것
- 상대를 믿는 것
- 상대가 없을 때 상대를 변호하는 것

우정에도 노력이 필요하다

새로운 일은 우리를 완전히 새로운 공동체로 안내하지만 동시에 기존의 우정에 피해를 주기도 한다. 새로운 일을 시작하는 것이 개인의 사회망에 어떤 영향을 미치는지 알아보기 위해 세 번에 걸쳐 장기간의 연구가 이루어졌다. 연구팀은 이제 막 사회에 첫발을 내디딘 77명의 대학생에게 친한 친구 50명의 이름을 적게 하고 그들과의 상호작용을 자세히 쓰게 했다. 그로부터 1년 뒤와 2년 뒤에도 똑같이 하게 했다.

이 연구를 실시한 도나 L. 솔리Donna L. Sollie와 주디스 L. 피셔Judith L. Fischer는 "새 일을 시작한 학생들은 일부 친구들에게선 멀어지고 가족 간에는 접촉이 증가했다"라고 결론을 내렸다. 학생들의 커리어가 점차 발전하면서 친구의 수 및 그들과 함께 보내는 시간이 줄어들었다. 또 연구팀이 조사한 단계마다 친구의 3분의 1 이상이 새로 추가되어 있었다. 연구팀은 이에 대해 커리어가 생겨나면서 친구로 구성된 인맥은 축소되고, 사회에서 보내는 시간이 길어지고 커리어가 한층 발전할수록 응답자들이 현재의 우정을 유지하는 데 더 큰 노력을 기울인다고 밝혔다. 이는 가족 구성원들 사이에서는 찾아볼 수 없는 결과였다.

새로운 직장으로 옮길 계획이라면, 이직하고 나서도 기존 친구들과 보낼 시간을 따로 마련하자. 그렇지 않으면 그중 몇 명은 잃게 될 것이다.

친구들과 시간을 보내는 방법 중 가장 재미있는 일은 술자리를 함께하는 것이다. 그런데 술과 관련된 흥미로운 연구 결과가 있다. 친구와 함께할 때 평소 주량보다 더 마신다는 것은 그리 놀랄 일이 아니지만, 친구가 많을수록 술을 더 많이 마신다고 한다. 스위스에서 실시한 한 연구에서 한 테이블에 자리한 친구들의 수와 한 사람이 마시는 술의 양 간에 상관관계를 조사한 결과, 함께 있는 친구의 수가 많을수록 시간당 한 사람이 소비하는 술의 양도 늘어난다는 사실이 밝혀졌다. 흥미롭게도 남자들은 일반적으로 여성보다 더 많이 더 빨리 마시는데, 이러한 차이는 친구가 관여할 때 더 크게 나타났다.

Chapter 7.

건강할 때
행복의 감도가 높아진다

한동안 운동을 쉬었다가 다시 시작했을 때 가벼운 희열 같은 것을 경험해본 적이 있는 사람이라면 신체적 건강과 정신적 건강 사이의 관계를 잘 알 것이다. 이 두 가지 건강은 한데 얽혀 있기에 그래서 기분을 좋아지게 하는 가장 간단한 방법이 자리에서 일어나 돌아다니는 것이기도 하다.

운동을 하고 건강에 좋은 음식을 섭취하는 것은 단순히 수명을 늘리고 건강히 살게 해주는 데 그치지 않고 행복감이나 장기적인 삶의 만족도에도 영향을 준다.

반대로 정서적인 건강이 신체적 건강에 영향을 주기도 한다. 행복한 사람들은 불행한 사람들과 비교해 초당 6회 정도 심박 수가 적고, 면역력이 강하며, 평균 10년 더 오래 산다는 여러 연구 결과가 있다. 또 긍정적인 감정은 두통과 흉통을 줄여주며, 화통하게 웃는 것만으로도 칼로리를 소모할 수 있다. 이 장에서는 이런 결과에 숨겨진 과학적인 이유와 함께 더 행복하고 건강해질 수 있는 몇 가지 요령을 소개하고자 한다.

10분만 움직여도 삶이 달라진다

신체 활동은 단순히 불명확한 장기적 장점만 갖는 게 아니다. 케임브리지 대학교 연구팀에 따르면, 신체 활동은 행복감을 즉각적으로 높여준다고 한다. 연구팀은 1만 명이 넘는 피험자에게 스마트폰 앱을 통해 자신의 행복감을 실시간으로 보고하게 했다. 과거의 일에 관해 이야기하거나 정해진 기간만 추적하는 방식보다 한 단계 더 발전한 실험을 한 것이다.

실험에 사용된 앱은 내장된 가속도계를 이용해 피험자가 현재 기분을 보고하는 순간에 활동적으로 움직이고 있는지 아닌지 구분할 수 있게 설계되었다. 결과는 어땠을까? 직접 보고한 신체 활동이 행복과 관련된 것처럼, 앱이 감지한 신체 활동도 마찬가지였다. 이 연구는 신체와 심리 활동 사이의 중요한 관계를 보여주고, 그중 하나에서 일어나는 작은 변화도 나머지 하나에 영향을 준다는 사실을 밝혀냈다.

운동과 기분 전환, 스트레스 해소, 행복감 증대 사이에 연관성이 있다는 사실을 증명한 연구는 매우 많다. 그중 한 연구팀은 '기분이 좋아지려면 운동을 얼마나 해야 하는가?'라는 구체적인 질문을 놓고 연구했다. 연구팀은 피험자들을 모집해 기분을 측정한 뒤 각각 10분, 20분, 30분씩 자전거를 타게 했다. 그런 다음 다시 기분을 측정해보았다. 피험자들이 운동 전에 느꼈던 혼란스러움, 피로감, 부정적 기분은 운동을 시작한 지 단 10분 만에 나아졌다. 물론 더 오래 운동하면 신체적으로 혜택이 있겠지만, 기분을 즉각적으로 개선하는 데에는 짧게 10분씩 운동하는 것만으로도 충분하다는 뜻이다.

매일 하루를 아침, 점심, 저녁으로 나누어 각각 10분 내외로 짧게 운동함으로써 기분이 나아지게 해보자. 그러면 긍정적인 상태로 하루를 시작하고, 유지하고, 마무리할 수 있을 것이다.

꼭 헬스장이 아니어도 괜찮다

운동으로 기분이 좋아지는 효과를 얻기 위해 반드시 헬스장에 갈 필요는 없다. 독일의 한 연구팀은 매일 신체 활동을 하는 것이 감정, 차분함, 활기 세 가지 측면에 어떤 영향을 미치는지 알아보았다. 연구팀은 가속도계를 이용해 보통 온종일 앉아서 시간을 보내는 학생 77명의 신체 활동을 추적하면서, 학생들에게는 이후 한 시간에 한 번씩 모바일 앱을 이용해 기분을 보고하게 했다. 그 결과 신체 활동이 10분 이상 지속되고 활발해질수록 긍정적인 기분이 더 늘어난 것으로 밝혀졌다. 그러나 30분 동안 달리는 것이 단순히 걷는 것과 크게 다른 결과를 만들어내진 않았다. 연구팀은 온종일 앉아서 일하는 경우 휴식 시간 동안 일어나 걷고, 계단을 오르고, 점핑 잭(폴짝 뛰면서 다리를 양옆으로 벌리고 양팔을 머리 위로 들어 올려 손뼉을 치는 동작-옮긴이)을 하면 기분이 좋아질 수 있다고 말했다.

헬스장에 갈 시간이 없더라도 업무 중 잠시 짬을 내 몇 블록 걷거나 계단 오르기를 해보자. 그것만으로도 기분이 훨씬 좋아질 것이다.

"일반적으로 신체 운동이 행복감을 더해주리라 생각하고, 실제로도 상관관계 연구에서 긍정적인 관계가 나타납니다. 그런데 그것은 반대로도 통합니다. 행복감이 신체 운동을 유발하는 것이죠. 기분이 좋아지면 사람은 더욱 활동적이고 적극적으로 움직입니다."

— 뤼트 비엔호벤Ruut Veenhoben,
네덜란드 에라스뮈스 대학교 인간 행복을 위한 사회적 조건 명예 교수,
학술지 「행복 연구Journal of Happiness Studies」 창설 편집자

7분의 기적

존슨 앤드 존슨 인간 성능 연구소의 연구팀은 단 7분의 고강도 서킷 트레이닝을 통해 '최소한의 투자로 최대한의 결과'를 얻을 수 있다는 사실을 발견했다. 그들은 수십 년에 걸친 생리학 연구 결과를 바탕으로 유산소 운동과 저항력 운동을 고강도로 연속 실시하고 휴식 시간을 제한하는 것이 체지방을 줄이고 심박 수를 높이는 아주 효과적인 방법이라고 결론 내렸다. 효과적인 운동은 모든 근육을 사용해야 하고, 각각의 동작이 심박 수를 높일 수 있을 정도로 길

어야 한다. 다만, 운동의 강도가 떨어질 정도로 길어선 안 된다. 총 운동 시간을 4분 정도만 해도 개선 효과가 있었지만, 이런 요건에 모두 부합하는 가장 이상적인 방법은 아래의 열두 개 동작을 각각 30초씩 하고 10초씩 쉬어주는 것이었다. 다음의 방법을 따라 어떻게든 하루에 7분씩 투자하여 운동 시간을 일상의 일부로 삼아보자.

- 점핑 잭(전신)
- 투명 의자 자세(하체)
- 팔굽혀펴기(상체)
- 복부 크런치(코어 근육)
- 의자 밟고 올라서기(전신)
- 스쿼트(하체)
- 의자를 이용한 삼두근 운동(상체)
- 플랭크(코어 근육)
- 무릎 높이 올려 제자리 뛰기(전신)
- 런지(하체)
- 팔굽혀펴기를 하며 어깨 돌려 한쪽 팔씩 위로 올리기(상체)
- 사이드 플랭크(코어 근육)

운동 시간이 길어질수록 피로감이 줄어든다

말이 안 되는 것 같겠지만, 오래 운동하면 실제로 덜 피로하다고 느끼게 된다. 한 연구팀은 성별, 운동 유형, 운동 강도, 운동 시간이 기분에 미치는 영향을 조사하기 위해 135명의 피험자를 웨이트 트레이닝과 심장 강화 유산소 운동 그룹으로 나누었다. 피험자들이 각자 운동 시간과 운동 강도를 정했는데, 시간은 10분부터 120분까지 다양했으며 평균 운동 시간은 46.75분이었다. 두 그룹 모두 운동 전과 후에 긴장도, 우울감, 분노, 활력, 피로에 점수를 매겼다.

피험자들은 전체적으로 운동 뒤 기분이 더 좋아졌다고 답했다. 그런데 흥미롭게도 더 길고 힘들게 운동한 사람일수록 더 기분이 좋다고 응답했다. 특히 웨이트 트레이닝을 한 여성에게서 이런 결과가 두드러지게 나타났다. 피로도 또한 운동 시간이 길어질수록 낮아졌다.

피로가 계속되고 운동 후에도 기분이 좋아지지 않는다면, 다음에는 시간을 5분 더 늘려보는 건 어떨까.

수분을 채워야 행복도 채워진다

물을 많이 마셔야 한다는 건 당신도 알고 있을 것이다. 그런데 특히 운동할 때 물을 마시는 건 상쾌한 기분이 들게 하는 것 말고도 일을 더 잘할 수 있다고 느끼게 해주는 것으로 밝혀졌다. 한 연구팀은 25명의 여성에게 인지 과제를 몇 가지를 주었다. 이때 한 번은 물을 240밀리리터 정도 충분히 마신 상태에서, 또 한 번은 중간 강도의 운동을 시켜 약간 수분 부족 상태에서 과제를 수행하게 했다.

실험 결과, 수분 부족 탓에 인지 능력이 떨어지지는 않았지만 피험자는 과제의 난이도가 더 높다고 느꼈으며 집중력이 떨어지고 기분도 안 좋아졌다. 또 수분 부족 정도가 1.36퍼센트에 불과했는데도 두통이 생겼다고 답했다.

수분 부족 정도가 낮은 상태, 즉 목마르지 않다고 느낄 때도 의도적으로 물을 마시자. 그러면 우울감이 조금 줄어들 것이다.

그런데 안구의 수분 부족도 행복감에 영향을 미친다는 사실을 알고 있는가? 눈물을 흘리는 것은 보통 슬픔의 표시이지만 진정으로 슬픈 사람은 눈이 건조한 사람일지도 모른다. 안과의사로 구성된 연구팀이 672명의 직장인에게 눈이

촉촉할 정도로 충분한 눈물을 만들어내는지 확인하는 '쉬르머 테스트'와 함께 주관적인 행복도를 측정했다. 행복도는 소냐 류보머스키Sonja Lyubomirsky와 하이디 S. 레퍼Heidi S. Lepper가 개발한 '주관적 행복 척도Subjective Happiness Scale'를 이용해 측정했다. 이는 응답자가 네 개의 질문에 답하며 자신의 행복도 점수를 매기는 방식이다. 그 결과 안구 건조와 행복도 사이에 역의 상관관계가 나타났다. 안구 건조 증상을 보인 사람들의 주관적인 행복도가 가장 낮게 나타난 것이다. 눈이 건조하다면 미래의 눈물을 피하기 위해 병원에 가보길 권한다.

나이가 들면 행복해진다

이제 중년의 위기에 대한 이야기들은 잊어버려라. 사실 나이가 드는 건 행복을 가져다주는 좋은 예측 변수다. 캐나다 앨버타 대학교 연구팀이 18세부터 43세까지 다양한 연령대의 피험자들을 대상으로 한 장기 연구에서 피험자들에게 '행복하지 않다'부터 '아주 행복하다'까지 자신의 행복도를 스스로 판단하여 보고하게 했다. 25년이라는 기간에 걸친 조사 결과, 사람들은 나이가 들어가면서 점점 더 행복해진다는 사실이 밝혀졌다. 성별, 결혼 여부, 신체 건강 같은 변수들을 통제했을 때도 나이에 따른 행복도의 증대는 일정하게 나타났다.

나이 드는 것을 걱정하고 스트레스받지 마라. 여러분이 앞으로 5년 뒤에 어떤 모습을 하고 있든 지금보다 더 행복할 테니 말이다.

왜 나이가 들수록 행복해지는지 알려주는 다른 연구도 있다. 스탠퍼드 대학교 연구팀이 실시한 두 건의 연구에서 청년층은 긍정적 정보보다 부정적 정보에 집중하는 반면, 중년이나 장년층은 긍정적인 기억과 감정에 더 무게를 둔다는 사실이 밝혀졌다.

연구팀은 나이별로 그룹을 지은 피험자들에게 컴퓨터 스크린에 나온 긍정적, 부정적, 중립적 이미지들을 보게 한 뒤 인지 능력과 기억력을 테스트했다. 첫 번째 실험에서는 나이가 많은 사람일수록 기억력이 전반적으로 떨어지긴 했지만 기억해낸 이미지 중 긍정적인 것의 비중이 부정적인 것의 비중보다 높았다.

두 번째 실험에서는 뇌 영상 기술을 이용해 다양한 이미지를 보았을 때 감정을 처리하는 부위가 얼마나 활성화되는지 알아보았다. 나이 든 피험자일수록 부정적 이미지보다 긍정적 이미지를 보았을 때 그 부위가 더 많이 활성화되었다.

"삶의 여러 과정을 거치는 동안 상황은 계속해서 달라집니다. 이럴 때 제가 유용하다고 생각하는 것이 있는데 바로 '선택적 최적화와 보상SOC:selective optimization and compensation'이라는 이론입니다. 자신이 가진 최고의 능력과 가장 온전한 기능을 선별하여 최적화함으로써 노화되거나 잃어버린 기능을 보상한다는 개념이죠. 저는 달성 가능하고 유의미한 워라밸을 목표로 하는 사람이라면 누구에게든 이 모델을 적용할 수 있다고 봅니다.

다섯 아이를 둔 아버지로서 저는 이 이론이 제기되기 전부터 이 과정을 삶에 적용해왔습니다. 아이들이 한창 성장하는 동안에는 골프를 비롯한 취미 활동은 포기하고, 아이들과 즐겁고 의미 있는 시간을 보낼 수 있게 해주는 다른 취미들을 찾았습니다. 그리고 자원봉사를 통해 지역 공동체에 기여했지요."

— 로저 C. 매널

우울할 땐 커피 한 잔

살기 위해 커피를 마셔야 한다고 말하는 사람이 주변에 있는가? 그의 말이 과장이 아닐 수도 있다. 10년 넘게 2만 명을 추적 조사한 스페인의 한 연구팀은 하루에 최소 네 잔 이상의 커피를 마시는 사람이 거의 또는 전혀 마시지 않는 사람과 비교해 사망 확률이 더 낮았다고 보고했다. 이는 약 10년 동안 추적 조사하여 나온 결과로, 단순한 관찰 연구로서 커피와 사망 두 가지 요인 사이의 상관관계만 보여준 연구이지만, 카페인이 우리를 깨어 있게 해주는 것 이상의 역할을 한다는 사실을 알려주었다.

그런데 카페인 내성은 정신을 맑게 하고 인지 기능을 높여주는 효과에 어떤 영향을 미칠까? 한 연구팀은 카페인 내성과 관계없이 인지 과업을 하기 전에 카페인 섭취를 조금 늘리면 인지 기능이 높아진다는 사실을 발견했다. 결론적으로, 짧은 기간 카페인을 멀리했다가 다시 마시기 시작했을 때 그 효과가 더욱 좋아진다는 것이다.

행복감도 마찬가지다. 웨이크 포레스트 의과대학원 연구팀은 매일 커피를 두 잔에서 다섯 잔을 마시며, 카페인 섭취를 중단했을 때 금단 현상을 경험한 적이 있는 17명의 피험자를 대상으로 실험했다. 7일 동안 카페인 섭취 다이어리를 작성해 피험자별로 카페인 섭취 기준치를 정한 뒤, 피험자들을 네 그룹으로 나누었다. 두 그룹에는 30시간 동안 커피를 끊게 한 뒤 한 그룹에는 위약을 주었고, 한 그룹에는 카페인 250밀리그램이 함유된 캡슐을 제공했다. 그리고 나머지는 커피를 평상시대로 마시게 한 뒤 한 그룹에는 위약을, 나머지 한 그룹에는 카페인 캡슐을 제공했다.

그런 다음 인지 테스트를 하고 자신의 기분에 대한 설문에 답하게 했다. 그 결과 한동안 커피를 끊었다가 카페인을 섭취한 그룹에서 행복감에 가장 큰 변동이 나타났다.

커피를 한동안 끊었다가 다시 마셔보는 건 어떨까? 매일 커피를 마실 때 느꼈던 행복보다 더 큰 행복을 느낄 수 있으니 말이다.

행복감을 최대화하는 특별한 식단

과일과 채소를 섭취하는 것이 몸에 좋다는 건 다들 알겠지만, 그것이 기분까지 좋게 해주리라고는 보통 생각지 않는다. 그런데 바나나, 브로콜리 등 건강한 음식들이 행복감과 삶의 만족도까지 높여준다는 사실이 밝혀졌다. 오스트레일리아의 역학 조사에서 1만 2385명의 오스트레일리아 성인을 대상으로 하여 나타난 결과다.

연구팀은 과일 및 채소 섭취와 행복감 및 삶의 만족도 증대 사이에 상관관계를 찾아냈다. 기분을 좋아지게 하는 효과는 2년에 걸친 식이 변화 후에야 얻는 것이긴 했지만, 실업 상태에서 취업이 되었을 때 느끼는 심리적 기쁨과 거의 동일했다.

또 채소, 과일, 통곡물은 많이 사용하고 붉은색 육류, 버터, 가공식품은 적게 사용하는 식단인 지중해식 식단이 실제로 사람의 행복감을 높여주고 최소한 부정적인 감정을 줄여줄 수 있다는 사실이 과학적으로 입증되었다. 특히 견과류를 많이 넣은 지중해식 식단은 행복도를 더욱 높여줄 수 있다.

스페인의 비만 및 영양생리 병리학을 연구하는 의학연구소에서는 4000명에 달하는 피험자를 대상으로 엑스트라 버진 올리브유가 포함된 지중해식 식단을 섭취한 그룹, 말린 견과류가 포함된 지중해식 식단을 섭취한 그룹, 저지방 식단을 제공한 대조군 그룹으로 나누었다. 실험 그룹에는 지중해식 식단에 대해 집중적으로 교육했고, 모두가 석 달에 한 번씩 개별 및 그룹 면담에 참여하고 1년에 한 번씩 추적 면담도 진행했다.

그런데 3년이 지나자 견과류가 포함된 지중해식 식단을 섭취한 그룹에서는 우울증이 줄어드는 현상이 발견됐다. 이런 현상은 기존에 2형 당뇨병을 앓고 있던 사람들 가운데서 더욱 두드러지게 나타났다.

오늘 식단에는 과일과 채소, 견과류를 추가해보자. 식이 변화는 단순히 장기적인 신체 건강뿐 아니라 심리적으로도 큰 혜택을 안겨주니 말이다.

잠이 부족하면 부정적인 감정이 쌓인다

불면만큼 감정에 악영향을 미치는 것은 거의 없다. 다양한 연구에서 불면 문제가 거의 모든 정서 장애와 관련이 있다는 것이 밝혀졌고, 적절한 수면의 중요성은 의학적으로도 오랫동안 언급되어왔다.

문헌 조사에 따르면, 잠이 부족할 때 단순히 피곤해서 짜증이 나는 것이 아니다. 렘수면 단계가 두 가지 측면에서 감정 조절의 중요한 일부이기 때문에 피곤함과는 관계없이 감정이 변화할 수 있다고 한다. 렘수면 단계는 첫째로 기억을 저장하는 과정에서 전날 느꼈던 감정을 처리하고 종합한다. 둘째로 다음 날을 위해 감정의 민감도를 재조정한다. 일이 잘 안 풀리거나 할 때 '한숨 자며 생각해보라' 같은 말을 흔히 듣는데, 이는 실제로 감정을 관리하는 데 엄청난 혜택을 가져다준다.

그렇다면 잠은 얼마나 자는 게 좋을까? 샌디에이고 스크립스 수면 연구소의 공동 연구소장 대니얼 크립키Daniel Kripke는 수면과 건강에 대한 궁극의 질문을 던졌다. 그는 더 오래 살려면 몇 시간씩 자야 하는지를 알아내기 위해 30세에서 102세까지의 성인 남녀 110만 명의 데이터를 분석했다. 그 결과 오래 살 확률이 가장 높은 사람은 하루에 7시간 정도 자는 사람이라는 결론을 내렸다. 6시간 이하나 8시간 이상 자는 사람들은 사망 위험이 높아졌다. 4.5시간 이하나 8.5시간 이상 자는 사람들의 사망 위험률은 15퍼센트 이상 높게 나타났다.

수면 목표를 매일 7시간으로 잡아라. 그보다 적거나 많다면 잠자리에 드는 시간을 바꾸거나 저녁 일과에 변화를 줘보자.

하지만 수면제는 장기적으로 바람직한 해결책이 아니다. 앞에서 언급한 연구팀은 수면제를 장기적으로 사용하면 사망 위험률이 크게 높아진다는 사실을 알아냈다. 오히려 불면증에 시달리는 사람들이 이들보다 사망 위험이 낮았다. 따라서 잠이 잘 안 온다면 수면제 말고 다른 방법을 찾아보는 게 좋다.

불면증으로 이번 주에 잠을 잘 자지 못했다고 해서 걱정할 필요는 없다. 일주일에 며칠씩 뒤척이며 잠을 이루지 못한다면 주말에 조금 몰아서 자는 것만으로도 수면 부족의 부정적인 여파를 몰아낼 수 있다고 한다. 한국의 한 연구팀이 2156명의 성인을 대상으로 수면 패턴, 몸무게, 기분, 그 밖의 의학적 요인들에 대해 개별 면담을 했다. 900명이 넘는 사람들이 평일보다 주말에 평균 0.7~2.9시간씩 더 잔다고 응답했다. 다른 요인들을 통제했을 때 이렇게 주말에 늦잠을 자는 사람들이 그렇지 않은 사람들보다 체질량 지수가 낮았다. 주말에 늦잠을 자도 된다는 아주 반가운 소식 아닌가?

운동할 때는 협력보다 경쟁이 좋다

단체로 하는 신체 활동은 운동 성과뿐 아니라 우정을 다지는 데에도 도움이 된다. 옥스퍼드 대학교 연구팀이 두 번의 실험을 통해 이를 증명했다. 첫 번째 연구에서 그들은 중간부터 높은 강도까지의 운동이 바로 이어 시작한 게임에서 협동력을 높여준다는 사실을 알아냈다. 그리고 두 번째 연구에서는 럭비 선수들에게 혼자, 여럿이 동시에, 여럿이 제각각 준비 운동을 하게 했다. 그러자 여럿이 동시에 준비 운동을 한 선수들이 경기에서 조금 더 좋은 성적을 보였다. 이처럼 단체로 하는 신체 활동은 성과를 높일 뿐 아니라 사회적 유대감을 창출하여 새로운 인간관계를 형성하게 해준다. 그리고 유대감과 인간관계는 행복과 직접 연관되어 있다.

누군가와 어울려 운동해야 하는 또 다른 중요한 이유가 있다. 바로 경쟁이다. 펜실베이니아 대학교 연구팀에 따르면 우호적인 경쟁은 운동하는 사람에게 가장 큰 동기의 원천이 된다. 연구팀은 펜실베이니아 대학생 790명을 조깅, 웨이트 트레이닝, 요가 등을 결합한 11주짜리 운동 프로그램에 참여시켰다. 참가자들을 무작위로 개별 경쟁, 팀 경쟁, 팀 협력, 대조군으로 나눈 뒤 각 그룹의 사람들에게 소셜 네트워크를 통해 서로 다른 유형의 메시지와 정보를 전달했다. 개별 경쟁 그룹에 속한 사람들에게는 그룹 내 각 구성원의 성적이 순위별로 나타난 순위 판을 보여주었다. 팀 협력 그룹은 서로 채팅을 하고, 긍정적인 소셜 미디어 메시지를 주고받을 수 있지만 순위 판은 볼 수 없었다. 팀 경쟁 그룹에 있는 사람들은 메시지를 주고받는 것과 순위 판을 보는 것 모두 가능했다.

그 결과 경쟁이 큰 차이를 만들어냈다. 팀 경쟁과 개별 경쟁 그룹에 있던 사람들은 대조군이 보여준 참여 횟수인 평균 20.3회보다 더 많은 운동 시간인 평균 38.5회와 35.7회를 기록했다. 최하위는 팀 협력 그룹에 속한 사람들로 평균 16.8회를 기록했다.

선임 연구원 데이먼 센톨라Damon Centola는 이렇게 말했다. "협력 그룹은 역효과를 낳을 수 있습니다. 비교적 덜 활동적으로 움직이는 사람들에게 주의가 쏠리게 되는데 이러한 현상이 참여율을 낮출 수 있기 때문이죠. 그룹 구성원들 사이에 약간의 경쟁을 불러오는 사람들은 가장 활동적인 사람들이 설정한 목표를 기준으로 인간관계를 봅니다. 이런 인간관계는 운동에 동기를 부여하는 데 도움이 됩니다. 사람들 각각의 성과에 더 높은 기대치를 갖게 하거든요."

다음에 운동하러 갈 때는 친구를 데려가 보자. 당신을 한계까지 밀어붙일 수 있고 당신도 똑같이 해줄 수 있는 친구라면 더욱더 좋을 것이다.

초콜릿이 주는 행복

많은 일화적 증거가 있음에도 초콜릿이 행복감을 높여준다는 주장에는 과학적 근거가 거의 없다. 그러나 초콜릿을 먹을 때 약간의 다른 성분만 추가해준다면 기분을 더욱더 좋게 만들어줄 수 있다. 그 성분은 바로 '마음 챙김'이다.

미국 게티즈버그 대학의 연구팀은 초콜릿을 천천히 먹으면서 색깔, 맛, 촉각을 음미하면 긍정적인 기분이 생겨나는 데 도움이 된다는 것을 밝혀냈다. 그들은 258명의 피험자를 네 그룹으로 나누었다. 먼저 대조군인 첫 번째 집단에는 크래커를 마음 챙김과 함께 섭취하게 하고, 두 번째 집단에는 초콜릿을 마음 챙김과 함께 섭취하게 했으며, 세 번째는 마음 챙김 없이 크래커를 섭취하게 하고, 네 번째 집단에는 마음 챙김 없이 초콜릿을 섭취하게 했다.

주어진 음식을 먹는 동안 피험자들은 그룹별로 미리 녹음된 지시에 따랐고, 음식을 먹기 전과 후에 기분에 대한 질문에 답했다.

이때 감각에 유념하며 초콜릿을 먹은 사람들은 다른 세 그룹에 비해 긍정적 기분이 크게 높아졌다. 또 음식에 대한 기호와 그것이 기분에 미치는 영향 사이에도 상관관계가 있었다. 즉, 초콜릿을 좋아하는 사람의 경우 음미하면서 초콜릿을 먹은 뒤에 기분이 좋아진 폭이 훨씬 더 컸다.

달콤한 음식을 먹는 것에 더는 죄책감을 느끼지 않길 바란다. 다만, 달콤함의 욕구를 충족시키는 동안 그것에 대해 마음 깊이 생각하면 된다.

생활 습관을 관찰해라

무엇을 먹느냐를 주의 깊게 모니터링하는 것은 종종 다이어트에 지나치게 집착하는 것과 연관성이 있다. 그러나 무엇을, 언제 먹느냐를 검열하면 건강상의 혜택이 있다는 연구 결과는 많다. 1993년부터 2009년까지 발표된 22건의 연구를 검토해보면, 자신의 행동을 모니터링하는 것과 체중 감소는 일관되고도 긍정적인 연관성이 있었다.

식습관과 운동, 몸무게를 모니터링하는 방식이 일기장이든, 전자저울이든, 모바일 앱이든, 아니면 그 밖의 어떤 방법이든 그것은 중요하지 않았다. 그러나 모니터링 방식이 쉽고 빠를수록, 예를 들어 광범위한 식품 데이터베이스를 사용해 열량과 영양 정보를 빠르게 입력할수록 식단을 지킬 가능성이 더 높았다. 이처럼 무엇을 얼마나 먹는지, 음식을 먹을 때의 기분과 주변 상황은 어떤지를 기록하면 자신의 식습관을 재평가하고 더욱 잘 인식하는 데 도움이 된다.

게다가 한 연구에 따르면, 모바일 앱이나 그 밖의 도구를 이용해 자신의 건강한 행동, 그리고 그 행동이 어떤 기분을 느끼게 하는가를 기록해보면 행복감을 높이는 데 도움이 된다고 한다. 사람은 과거에 일어난 사건이나 당시의 느낌을 잘못 기억하는 회상 편향을 자주 저지른다. 그래서 연구팀은 피험자들에게 건전한 행동이 기분에 어떤 영향을 주었는지 기록하게 했다. 이 연구에서는 총 130명의 피험자가 5개월에 걸쳐 자신의 행동을 기록했다.

기록을 분석한 결과 피험자들은 과일과 채소를 더 먹었을 때, 아프지 않을 때, 숙면을 취했을 때, 오래 운동했을 때, 여행했을 때 기분이 좋았던 것으로 나타났다. 그리고 주말에 더 기분이 좋았다. 튀긴 음식을 먹고 설탕이 든 음료를 마셨을 때도 기분이 좋은 것으로 나타났지만, 연구팀은 이 같은 건강하지 못한 행동의 긍정적 영향은 인정하지 않았다. 긍정적인 기분이 단순히 식품을 섭취하는 행동 때문일 수도 있다고 보았기 때문이다.

그들이 확정적으로 결론 내릴 수 있었던 것은 당시의 기억을 되살리는 앱이나 일기를 이용하는 것이 행복감에 기여하는 건전한 행동 패턴을 규명하는 데 도움이 되었다는 점이다.

하루 중 기분에 영향을 주는 건전 또는 불건전한 행동을 기록해보자. 그것이 자신의 전반적인 행복감에 미치는 영향을 알게 되면 더 많은 건전한 행동에 참여하고 싶다는 동기가 생겨날 것이다.

건강한 생각을 하면 몸도 건강해진다

긍정적인 기분은 감기도 이겨낸다. 한 연구팀은 193명의 피험자를 두 종류의 감기 바이러스 중 하나에 노출시켰다. 피험자들은 이후 28일 동안 자신이 경험한 증상을 기록했고 연구팀은 감기의 객관적 증상, 즉 가래나 콧물, 코막힘 등을 측정했다. 그 기간에 피험자들은 자신의 감정도 꾸준히 보고했다.

보고된 내용을 분석한 결과 활기, 행복감, 차분함 등 긍정적인 감정을 느낀 사람들은 실제 측정된 증상은 나아지지 않았으나 경험한 증상이 줄어들었다고 느꼈다. 슬픔, 불안, 적대감 등 부정적 감정을 느낀 사람들이 보고한 증상에 부정적인 영향이 유의미한 수준으로 나타난 건 아니지만, 스스로 느끼기에 부정적 감정보다는 긍정적 감정이 감기를 이기는 데 도움이 될 가능성이 컸다. 감기에 걸렸을 때는 비타민 C와 기침약을 섭취하는 것 외에도 행복한 생각을 해보는 건 어떨까?

감기에 걸렸을 때 말고도 건강한 생각을 하는 것은 아주 좋은 일이다. 건강한 활동이 정신 건강에 도움이 되는 것처럼, 건강한 생각도 마찬가지이기 때문이다. 한 연구팀은 자신의 몸을 긍정적으로 생각하면 행복감이 높아진다는 사실을 확인했다. 9667명의 여성에게 각자의 신체에 대해 어떻게 생각하는지 물었을 때 자기 몸을 사랑한다고 응답한 사람은 주관적인 행복도가 더 높게 나타났다.

연구팀은 자신의 몸에 대해 긍정적인 시각을 갖는 것이 정서적으로 도움이 되긴 하지만, 그렇다고 해서 자기 몸에 대한 불만족이 긍정적인 행복감과 유의미한 관계가 있는 것은 아니었다고 덧붙였다. 또 자기 몸의 외관보다는 기능 등을 사랑하는 것처럼 신체의 긍정적인 측면에 초점을 맞출 때 정서적인 행복감이 커질 수 있다고 말했다.

내 몸이 얼마나 멋진지 생각해보자. 손가락부터 발가락까지, 그리고 그 사이에 있는 모든 것이 얼마나 많은 일을 할 수 있고 얼마나 효과적으로 움직이는지 생각하고 감사하자.

Chapter 8.

기술의 노예가 되지 않기 위한 노력

과학기술은 매년 엄청난 발전을 거듭하며 의사소통을 그 어느 때보다도 더 빠르고, 쉽고, 효율적으로 만들었다. 전화 통화는 물론, 단 몇 초 만에 문자 메시지를 보낼 수도 있다. 이런 일들을 가능케 해주는 전자 기기가 우리 삶의 중요한 일부가 된 것은 어쩌면 당연한 일이다. 갤럽 조사에 따르면 성인 5분의 2 이상이 한 시간에 몇 번씩 스마트폰을 확인한다고 한다.

그러나 새로운 과학기술은 삶을 편하게 해줄지언정 우리를 행복하게 해주지는 못한다. 최근 과학기술에 관한 연구를 살펴보면, 현대인의 삶에 그렇게도 중요해진 전자 기기의 화면들이 실은 우리를 더욱 불행하게 만들고 있다는 사실을 알 수 있다. 문자 메시지는 인간관계를 망치고, 소셜 미디어의 사용은 우정을 좀먹으며, 인터넷을 오래 사용할수록 불안감을 느끼거나 심각한 정신적 피해를 볼 우려가 높아진다.

그렇다고 해서 모든 전기선을 뽑고 당장 숲속의 오두막집으로 이사하라고 말하는 것은 아니다. 과도한 과학기술이 행복감을 갉아먹을 수는 있지만 첨단 기술 기기들이 우리를 더욱 기분 좋게 만들어줄 방법들도 많다. 명상과 다이어리 앱을 이용하는 것부터 페이스북을 통해 적합한 인적 자본을 창출하는 것까지, 자신에게 도움이 되도록 기기를 활용하는 길은 분명 있다. 이 장에서는 그런 길에는 어떤 것들이 있는지, 어떻게 하면 우리가 기기의 노예가 되는 것이 아니라 기기가 우리를 위해 일하도록 만들 수 있는지 알아보자.

인터넷으로는 외로움을 채울 수 없다

행복에 영향을 미치는 건 과학기술 자체가 아니라 그것을 사용하는 방식일지도 모른다. 인터넷 사용과 그것이 행복감에 미치는 영향을 살펴본 연구에서는 인터넷에 접속하는 빈도와 행복감 사이에 명확한 상관관계가 나타나지는 않았다.

다만 특정한 인터넷 사용 유형이 우울감, 사회적 불안, 가족 결집력에 영향을 보였다. 해당 연구팀은 우선 다음과 같이 개인의 온라인 접속 이유를 나눴다.

- 사람을 만나기 위해
- 정보를 찾기 위해
- 머리를 식히기 위해
- 개인적 문제를 이겨내기 위해
- 이메일을 보내고 받기 위해

연구 결과에 따르면 무언가를 극복하기 위해 인터넷을 사용하는 사람들, 즉 개인적인 문제를 해결하고 다른 사람들과 가까워졌다는 느낌을 받기를 원하며 남들한테 이야기할 수 없는 주제에 대해 정보를 찾고 자신을 표현하고 스트레스를 해소하기 위해 오락 거리를 찾는 사람들은 우울감이 더 크고 사회적 불안감이 높았으며 가족과의 결집력이 약했다. 반대로 정보를 찾거나 남들과 소통하기 위한 조금 더 적극적인 목적으로 인터넷에 접속하는 사람들은 가족 간 결집력이 더 높았다.

개인적 문제를 해결하기 위해 인터넷을 사용하고 있다면 대안을 찾아보자. 현실에서 그런 정보를 찾을 수 있는 방법들 말이다.

온라인에 빈번히 접속하는 이들에게는 또 다른 걱정거리가 있다. 바로 인터넷 중독이다. 이메일이 새로 도착했다는 알림이나 트위터에 새 소식이 있다는 알림 메시지는 순간적으로 도파민을 분비시키는데, 이것은 흡연자가 담배에 불을 붙일 때의 기분과 매우 비슷하다고 한다. 누구나 한 번쯤은 눈을 뜨자마자 인터넷 브라우저를 열거나 다른 더 중요한 일을 해야 할 때 아무 생각 없이 인터넷 서핑을 한 적이 있을 것이다. 하지만 그 정도의 시간 낭비와 진짜 중독 사이에는 큰 차이점이 있다.

572명의 대학생을 대상으로 한 연구에서 이들 중 최소 9퍼센트가 인터넷에 중독되어 있고, 그 때문에 피로에 시달리고 낮은 성적을 받으면서도 계속해서 온라인에 접속한다는 사실이 밝혀졌다. 중독자로 분류된 사람들은 자신도 인터넷을 그렇게 많이 사용하지 말아야 한다는 걸 알고 있었고, 만약 친구가 더 많았다면 인터넷을 덜 사용할 것으로 생각했다. 또한 연구팀은 일부 학생이 학업에 어려움을 느끼는 데 확실히 인터넷이 한몫한다는 결론을 내렸다.

인터넷을 사용하기 전에는 목적을 명확히 하고, 중독되지 않도록 조심하기 바란다.

아무도 빠른 답장을 기대하지 않는다

직장인이라면 누구나 이메일을 받은 지 며칠, 심지어 단 몇 시간만 지나도 답장이 늦은 것을 사과하는 문장으로 글을 시작해야 할 것 같은 기분을 느껴봤을 것이다. 이메일을 받은 즉시 답장을 보내야 한다는 불안감은 스스로가 양심적인 사람이라는 생각에서 출발한다고 볼 수도 있겠지만, 사실은 그저 자신을 들들 볶는 것에 불과하다.

한 연구에 따르면 사람들이 이메일에 답장하는 데 걸리는 시간이 평균 6초밖에 안 된다고 한다. 하지만 듀크 대학교 심리학 교수 댄 애리얼리Dan Ariely가 한 실험에 따르면, 대부분의 경우 이메일을 보낸 사람은 즉각적인 답장을 기대하지 않는다고 한다. 연구팀은 피험자들에게 이런 지시를 했다. 자신에게 이메일을 보낸 사람에게 즉각적인 답변을 바라는지 물어보고 알려달라고 말이다. 결과를 종합하니 실제로 즉시 답해야 하는 메일은 2퍼센트밖에 되지 않았다. 그러니 조금 늦게 답장한다고 해서 너무 미안해하거나 스트레스받지 않기를 바란다. 상대는 그런 생각조차 하지 않고 있을 테니 말이다.

소셜 미디어 다이어트

당신의 트위터 팔로워는 몇 명인가? 수천 명? 그런데 그중에 당신이 실제로 아는 사람은 몇 명인가? 앞서 살펴본 던바의 수치는 소셜 미디어에도 적용된다는 사실이 밝혀졌다. 인디애나 대학교 연구팀이 6개월 동안 수집한 트위터 대화를 분석하여 마이크로 블로그가 발명되기 전에 생겨난 그 개념이 네트워크상에서도 적용될지 알아보았다. 170만 사용자의 3억 8000만 개 이상의 트윗을 분석한 그들은 사용자가 장기적으로는 최대 100~200개의 안정적인 소셜 미디어 관계를 유지할 수 있다는 결론을 내렸다.

오프라인 인간관계든 온라인 인간관계든, 당신이 항상 모든 팔로워에게 어필할 수 있을 것이라는 기대는 버려라. 그리고 150명의 가까운 친구에게만 집중해라.

소셜 미디어는 가까운 친구, 지인, 소셜 네트워크가 없었다면 연락하기 힘들었을 사람들과 소식을 주고받는 데 참 유용하다. 그렇지만 전반적인 미디어 사교 생활에는 해를 입힐 수 있다.

대학생들의 스트레스와 삶의 만족도에 영향을 미치는 요인을 연구하던 플로리다 주립대학교와 플로리다 국제대학교의 연구팀은 소셜 미디어와 문자 메시지가 삶의 만족도를 낮추고 스트레스를 높인다는 사실을 밝혀냈다.

연구팀은 문자 메시지와 소셜 미디어가 전화 통화나 직접 만남 같은 실시간 사회 활동으로부터 사용자를 분리한다고 보았다. 특히 그들은 연구 중 소셜 미디어를 많이 쓰는 사용자일수록 연애할 가능성이 적다는 사실도 알아냈다. 많은 학생이 데이트 상대를 찾기 위해 소셜 미디어를 이용하고 있는데도 말이다. 결론적으로 연구팀은 이러한 행동이 오히려 사회적 고립과 우울증으로 이어질 수 있다고 지적했다.

소셜 미디어를 중단하고 잠시 동안 자체 휴식기를 가져보는 것도 괜찮다. 덴마크의 한 연구팀이 1100명의 피험자에게 일주일 동안 페이스북을 쓰지 말라고 했다. 그런 다음 페이스북 휴식 기간 전과 후에 1점부터 10점까지 '오늘 자신의 삶이 얼마나 만족스러운가?'라는 질문에 답하게 했다. 대조군에 있는 사람들은 거의 같은 평균 점수를 보인 반면, 일주일 동안 페이스북을 쉰 사람들은 평균 7.56점에서 8.12점까지 큰 변화를 보였다. 또한 다른 사람들과의 유대감, 결정력, 열정 등에서 큰 증가 폭을 보였다.

앞서 연애 이야기가 나와서 말인데, 혹시 연애를 시작하기 위해 소셜 미디어에 매달리고 있지는 않은가? 소셜 데이팅 앱 '틴더'에 사용자가 아무리 많아도 이런 모바일 앱은 연애 상대를 찾을 수 있는 믿을 만한 수단이 아니다.

한 심리학자 팀이 최신 기술이 개인의 애정 욕구를 얼마나 잘 예측하는지 실험해보았는데 모두 낙제점을 받았다. 연구팀은 피험자들에게 각자의 성격과 애인에게서 원하는 바에 대한 100여 개 질문에 답하게 했다. 그리고 답변을 바탕으로 고급 알고리즘을 이용해 그들이 어떤 상대에게 끌릴지 예측해보았다. 그런 다음 피험자들을 4분짜리 스피드 데이트에 참여하게 하고 만나는 사람별로 호감도를 적어 제출하게 했다.

결과적으로, 피험자들의 답변을 통해 알고리즘이 짝을 지어주는 데 실패했다. 연구팀은 이에 대해 "아무리 사전 정보가 있다고 한들, 인간 상호 간의 적합성을 예측하기는 매우 어렵다"라고 말했다.

이처럼 소개팅 앱은 당신이 누구랑 잘 어울릴지 예측할 수 없다. 성공 확률을 높이려면 그저 직접 나서서 접근해보는 수밖에 없다. 틴더 앱을 붙잡고 있거나, 페이스북에서 '좋아요'를 누르는 대신, 직접 만나서 한잔하지 않겠느냐고 말을 건네보자.

"이런 철학적 의문이 있습니다. '숲에서 나무 한 그루가 쓰러졌는데 거기에 아무도 없어서 누구도 그 소리를 듣지 못했다. 그렇다면 그것은 소리를 낸 것인가?' 자, 이제 다시 질문해보겠습니다. '당신이 아내나 아이 또는 친구들과 행복한 시간을 보내고 그것을 소셜 네트워크에 포스팅했습니다. 그런데 '좋아요'를 하나도 받지 못했다면 그것은 정말로 행복한 시간이었을까요?' 과거 우리는 친구와, 가족과 또는 혼자서 많은 일을 했고, 홀로 있을 때도 있었습니다. 하지만 스마트폰이 생기고 나서부터는 완전히 달라졌습니다. 모든 인맥은 실재하지 않고 머릿속에 존재하며, '좋아요'가 없으면 행복한 순간이 아니라고 우리에게 강요합니다. 그래요, 우리는 사회적 동물이 맞습니다. 하지만 자신의 비전을 바탕으로 세워진 자신만의 목표를 가져야만 합니다. 우리의 소셜 친구들이 인정하는 것이 아니라고 해도 말이죠. 삶의 모든 부분, 심지어 매우 사적인 부분에서도 남의 인정과 부러움을 받고 싶다는 욕구가 생긴다면 그러한 굶주림은 절대 채워지지 않을 겁니다."

— 야이르 아미샤이-함부르거

중요한 이야기는 메시지보다 전화로

귀여운 이모티콘을 사용해본 적이 있는 사람이라면 잘 알겠지만, 애정을 표현하는 문자 메시지는 인간관계에 도움을 줄 수 있다. 유타주에 있는 브리검 영 대학교 연구팀은 미국 전역 276명의 청년이 문자 메시지를 보내는 행동을 살펴보고 그것이 인간관계에 어떤 영향을 미치는지 알아보았다. 그 결과 애정을 표현하기 위한 문자 메시지는 두 사람 간의 깊은 애착과 연관되어 있었지만 그 외 유형의 문자 메시지는 오히려 연인 관계를 약화시킨다는 것을 밝혀냈다.

특히 남성의 경우 과도하게 잦은 문자 메시지는 인간관계를 약화시킬 수 있으며, 여성의 경우 사과하거나 결정을 내리거나 의견 충돌을 해결하기 위해 문자 메시지를 이용하면 오히려 두 사람 사이가 멀어질 수 있다. 연인이나 배우자에게는 항상 애정 어린 문자 메시지를 보내자. 그보다 진지한 내용이라면 직접 전달하는 것이 훨씬 낫다.

그렇다면 장거리 커플의 경우에는 어떨까? 언뜻 보기에는 채팅 앱 등 현대 기술에 비교적 구식 문제점이라고 할 수 있는 장거리 연애 문제가 해결된 것처럼 보인다. 상대방이 너무나도 멀리 떨어져 있다면 유대감을 유지하기 위해서는 의사소통이 더더욱 중요하지 않겠는가.

서로 다른 유형의 의사소통이 관계 만족도에 어떤 영향을 주는지, 그리고 더 효과적인 방법이 따로 있는지를 밝혀낸 연구팀이 있다.

그들은 연인 간에 떨어진 거리는 150킬로미터부터 1만 6000킬로미터까지, 연애 기간은 2주부터 10년 이상까지 다양한 유형의 장거리 연애를 하는 311명의 미혼 남녀를 대상으로 실험을 했다.

이 실험에서 웹캠과 전화 등 대면 의사소통과 가장 비슷한 방식을 이용하는 사람들은 상대가 정서적으로 자신을 지지하고 있고, 서로 잘 지내고 있으며, 관계에 안정감을 느끼고 있다고 답했다. 반면, 문자 메시지나 메신저 이용과 응답자의 정서적 지지나 안정감 사이에는 아무런 긍정적 상관관계가 나타나지 않았다. 놀랍게도 문자 메시지 빈도는 오히려 관계 만족도와 부정적인 상관관계를 보였다. 연인들이 문자 메시지로 소통할수록 점점 더 불행해진 것이다.

이 연구는 멀리 떨어져 있는 사람과 애정을 유지하는 데는 대면, 전화 통화, 편지 등 사적인 형태의 의사소통이 여전히 가장 효과적인 의사소통 방식임을 알려준다. 장거리 연애를 지속하고 싶다면 채팅 앱보다는 스카이프나 페이스타임 영상통화를 적극 활용하자.

혼자 있고 싶을 때 가장 먼저 버려야 할 물건

과도한 메시지 주고받기의 부작용 목록에 학점 저하도 추가하기 바란다. 대학생 500명을 대상으로 스마트폰 및 채팅 앱 사용과 삶의 만족도 간의 관계를 조사한 연구에서 휴대전화 사용 및 문자 주고받기와 피험자의 학점 간에 부정적인 상관관계가 있음이 밝혀졌다. 실험에 참가한 학생들은 놀랍게도 하루에 평균 278.67분 동안 전화기를 사용했으며 평균 76.68건의 메시지를 보냈다.

그리고 스마트폰 사용 빈도가 높은 학생들은 그렇지 않은 학생들보다 학점은 물론 삶의 만족도가 낮게 나타났다. 연구팀은 스마트폰을 많이 사용하는 학생들이 공부에 집중하지 않거나, 수업 시간이나 공부를 해야 할 시간에 전화기를 만지작거리기 때문일 것이라고 보았다. 달리 말해, 사용 빈도가 높은 학생들은 수업 중이거나 공부 중일 때 멀티태스킹을 하거나 여러 가지 과업을 돌아가며 처리하고 있을 가능성이 크다. 이러한 행동이 학업 성적을 낮춘 것이다.

또 연구에서는 과도한 채팅 앱 사용이 불안감도 증폭시킬 수 있음을 알아냈다. 연구팀은 이 행동이 행복과 삶의 만족에서 중요한 요소인 '고독'을 잠시도 찾아보기 어렵기 때문일 것이라고 보았다.

전화기에서 알림 소리가 들려오면 그때마다 하던 일이 방해될 수 있다. 그러니 공부에 집중하거나 성과를 올리고 싶다면 아예 무음으로 돌려놓거나 보이지 않게 치워두기 바란다. 그래야 현재에 집중하고 더욱 충만한 삶을 누릴 수 있다.

"환자들을 만나다 보면 가족이나 친구들이 자신이 일하고 있는 순간이나 스마트폰을 들여다보는 순간의 모습을 기억해주길 바라는 사람은 단 한 명도 없습니다. 그런데도 오늘날 우리는 그렇게 하는 데 점점 더 많은 시간을 쓰고 있죠. 이런 시간이 '생산적'이라는 핑

계로 말이죠. 하지만 사실은 쾌락을 찾고 불편함을 피하기 위해서인 경우가 많습니다. 스마트폰은 슬롯머신 같아서 우리의 관심을 사로잡는 동시에 두뇌와 신체에 쾌락이라는 보상을 짧게, 그리고 자주 내리도록 설계되어 있어요. 이러한 점을 염두에 두고, 목적을 가지고 현명하게 사용해야만 합니다.

자신의 스마트폰과 어떤 관계를 맺고 싶은지 잘 생각해보세요. 인생에서 맺는 인간관계와 똑같습니다. 분명한 의도를 갖고 신중하게 생각하세요. 자신의 스마트폰과 상호작용할 때 사용하는 기능들을 고려하세요. 오락 또는 사소한 불편함의 해소를 위해서인가요, 아니면 영혼을 고양하고 삶의 유대감과 의미, 행복으로 가는 길을 만들기 위해서인가요?"

— 조 미첼Jo Mitchll, 임상심리학자

스마트폰의 긍정적인 효과

물론 기술이 언제나 나쁜 것은 아니다. 도시 한복판에서 길을 잃고 스마트폰의 도움을 받았거나, 기분 전환이 절실한 순간 귀여운 고

양이가 등장하는 동영상을 보고 기운을 차린 적이 있는 사람이라면 첨단 기기를 손에 쥔 것이 때로 운 좋은 일이라는 걸 잘 안다. 오스트레일리아의 행복연구소 '더 마인드 룸' 소장이자 임상심리학자인 조 미첼은 스마트폰의 사용 가치를 높일 방법을 찾고, 그것을 영혼 고갈이 아닌 충만의 원천으로 바꾸라고 촉구한다. 그 방법에는 크게 세 가지가 있다.

- 접속: 페이스북과 소셜 미디어는 적절히 사용하기만 한다면 사회적으로 큰 장점이 있다. 미첼에 따르면, 삶에서 가장 강력한 행복의 예측 변수는 사회적 인맥의 품질이며, 따라서 사람들과의 관계를 다지고 남들이 나를 가치 있게 여기고 나의 존재를 감사해한다는 기분을 느끼는 일은 무엇이든 건강과 행복에 있어 매우 중요하다고 한다.
- 마음 챙김: 부디파이Buddhify, 헤드스페이스Headspace, 스마일링 마인드Smiling Mind 같은 마음 챙김 앱들을 이용하면 자신의 스마트폰을 평온의 오아시스로 바꿀 수 있다. 명상은 우리가 어디에 있든 우리 삶의 어느 틈새도 채울 수 있다. 자기 마음의 노예가 되기보다 스스로 주인이 되는 방법을 배우는 것이 행복의 열쇠라 할 수

있다.

- 자선: 이타적인 행동과 자선 활동은 사람의 행복감을 크게 높여주는 것으로 밝혀졌다. 모바일 기기의 기부 앱을 통해 더욱 효과적인 자선 활동을 할 수도 있다.

'좋아요'는 행복과 아무런 상관이 없다

친구의 행복감을 높여주고 싶다면 '좋아요'를 누르지 마라. 카네기 멜런 대학교 연구팀은 1900여 명의 페이스북 사용자 활동 로그 3개월 분을 살펴보고 그들이 답한 심리적 행복감과 어떤 연관성을 보이는지 조사했다. 그리고 개인적인 내용이 담긴 댓글은 행복감을 높여주었지만, '좋아요'나 이와 비슷한 단순 클릭은 피험자의 행복감에 아무런 도움도 주지 못했다는 결론을 얻었다.

친구의 포스팅에 '좋아요' 버튼을 누르기 전에 개인적으로 해줄 말을 생각해보고 댓글을 남겨보자. 아니면 다음에 만났을 때 직접 말해주어도 좋다.

또 페이스북과 트위터 등을 사용할 때는 남과 비교하지 않도록 주의해야 한다. 행복에 부정적 영향을 미치는 가장 큰 요인 중 하나가 뉴스피드의 스크롤을 내리다가 다른 사람과 자신을 비교하게 되기 때문이라는 연구 결과가 있다. 행복한 하루를 보내고 있다가도 어떤 친구가 카리브해의 해변에서 놀고 있다거나 승진을 했다는 소식을 접했을 때 말이다. 또는 새 자전거를 샀다고 좋아하고 있는데 고교 동창생 한 명이 새로 뽑은 고급 자동차 사진을 올렸다면? 그런 '상향 비교'가 우리의 기분을 끌어내린다는 사실은 이미 1950년대에 행해진 연구에서도 확인된 바 있다.

남들과 비교하고 우울해하지 않기란 힘든 일이다. 하지만 한 가지 방법이 있다. 휴스턴 대학교의 메이-리 스티어스 Mai-Ly Steers는 월간 문예지 《애틀랜틱》의 에디터인 제임스 햄블린James Hamblin과의 인터뷰에서 "남들과 자신을 비교하지 않는 방법은 바로 감사하는 마음입니다. 자신이 가진 것에 감사한다면 남과 비교할 필요가 없지요"라고 말했다.

잔뜩 자랑하는 듯한 누군가의 포스팅에 우울해졌다면 자신의 삶에서 좋은 것들을 떠올려보자. 심지어 그렇게 성공적인 지인을 두었다는 사실에 감사할 수도 있다. 그걸로 우울함을 떨칠 수 없다면 당장 페이스북을 끄고 자부심이 생길 만한 일을 해보자.

게임은 노인을 행복하게 한다

한 손에 조이스틱을 들고 시간을 보내는 게 삶에서 가장 성취감을 주는 방식이라고 할 수는 없겠지만 게임에도 좋은 점들이 있다. 특히 노인에게는 더 그렇다. 싱가포르 난양 기술대학교 연구팀은 닌텐도 위Wii와 같은 게임이 노인들에게 다른 이들과 어울리고 운동할 기회를 제공한다는 사실을 확인했다. 그들은 요양원에 거주하는 45명의 노인을 대상으로 한 연구에서 이 게임이 눈과 손의 협응력과 균형 감각 같은 기능을 개선해준다는 것을 밝혀냈다. 이 기능이 향상되면, 낙상과 같은 사고의 위험이 줄어든다.

이런 신체적 혜택 말고도 위 게임을 한 노인들은 다른 노인들보다 심리적 행복감이 더 높았다. 이 노인들은 자존감과 정서 측면에서도 대조군보다 훨씬 더 높은 점수를 받았고 외로움은 훨씬 낮았다. 물론 이러한 결과는 노인, 그리고 신체 활동이 수반되는 게임에 국한된다. 소파에 가만히 앉아서

'바이오하자드' 최신판만 하는 건 이와 같은 긍정적 결과를 가져다주지 않을 것이다.

소셜 미디어만이 주는 행복

이 장에서 지금껏 설명한 것처럼 소셜 미디어는 실제 사람과 만나 어울리는 것을 대체하기에는 부족한 점이 많다. 하지만 현실에서도 몇 가지 장점이 있긴 하다. 미시간 주립대학교 연구팀은 286명의 대학생을 대상으로 페이스북 사용이 다음 세 가지 유형의 사회적 자본과 긍정적으로 연관되어 있음을 확인했다.

- 교량적 사회적 자본Bridging social capital: 살아온 배경이 자신과 다른 사람들과의 유대. 가까운 친구들에 비해서는 유대가 약할 수 있지만 더 다양한 집단에 속하게 한다.
- 결속적 사회적 자본Bonding social capital: 비슷한 생각을 지닌 사람들, 즉 가족, 팀, 조직 구성원, 또는 고향 친구들 사이의 유대
- 유지된 사회적 자본Maintained social capital: 이사하거나 직업 및 취미

를 바꾼 후에도 유지되는 관계

페이스북을 사용하면 이 같은 세 가지 유형의 사회적 자본을 확립하고 유지할 수 있다는 점이 확인됐다. 흥미롭게도 일반적인 인터넷 사용은 유지된 사회적 자본의 경우를 제외하고는 사회적 자본을 확립하는 데 도움을 주지 않았다. 삶의 만족도와 자존감이 낮은 학생들은 페이스북을 더 많이 사용했을 때 교량적 사회적 자본을 얻었다. 연구팀은 소셜 미디어 사용이 사용자를 현실 세계에서 멀어지게 하는 것이 아니라 삶의 변화 탓에 서로 멀어질 때조차 서로 인간관계를 지지하고, 사람들 간의 접속을 유지하는 데 이용될 수도 있다고 덧붙였다.

나를 행복하게 하는 것들을 매일 사진으로 남기자

끝없이 자기 사진을 찍는 건 조금 자아도취 같긴 하지만, 잠깐의 기쁨을 얻는 효과적인 방법일 수 있다는 사실이 밝혀졌다. 캘리포니아 대학교 어바인 캠퍼스의 도널드 브렌 연구팀은 41명의 대학생을 세 그룹으로 나누었다. 첫 번째 그룹은 하루에 한 번씩 웃는 모습으로 셀카를 찍게 했고, 두 번째 그룹은 자신을 행복하게 해주는 대상을 찍게 했으며, 세 번째 그룹은 다른 사람에게 행복감을 전해줄 무언가의 사진을 찍어 그 사진을 보내게 했다.

4주 동안 피험자들의 기분을 약 2900회에 걸쳐 측정한 결과 세 그룹 모두 행복감이 높아진 것을 확인했다. 그런데 행복감을 느낀 이유는 각자 달랐다. 셀카를 찍은 사람들은 시간이 흐르면서 자신의 미소가 점점 더 자연스러워졌다고 답했고, 자신을 행복하게 해주는 대상을 찍은 사람들은 삶에 기쁨을 가져다주는 작은 것들을 더욱 감사히 여기게 되었다고 답했다. 마지막으로 사진을 찍어 남들한테 보낸 그룹은 그 사람들과 더욱 가까워졌다는 느낌을 받았고 스트레스가 줄어들었다고 응답했다.

하루에 한 번씩 웃으며 셀카를 찍거나 자신이 좋아하는 것을 찍으면서 스마트폰을 행복 충전기로 삼아보자. 그렇게 찍은 셀카를 매일 인스타그램에 올리라는 말은 아니다. 최소한 매일 그렇게 하지는 말자.

때로는 아날로그로 돌아가라

구식 미디어는 여러 측면에서 행복감에 영향을 미칠 수 있다. 그런데 텔레비전 시청의 효과는 라디오를 듣거나 신문을 읽는 것의 효과와 크게 다르다. 미국인은 매일 다섯 시간, 유럽인은 세 시간 정도 텔레비전을 시청한다고 하는데 두 나라 모두 텔레비전 시청 시간을 줄이는 편이 좋을 것이다.

한 연구에 따르면 유럽에서 하루에 30분 이상 텔레비전을 보는 사람들은 그보다 적게 또는 전혀 보지 않는 사람들보다 자신의 삶에 덜 만족하는 것으로 나타났다. 하지만 라디오 청취에서는 그런 결과가 나타나지 않았다. 오히려 라디오를 두 시간 이상 듣는 것이 전혀 듣지 않는 것보다 더 행복하게 해준다.

신문을 읽는 것은 행복감에 미치는 영향이 라디오를 듣는 것과 비슷하거나 심지어 더 큰 긍정적 영향을 주는 것으로 밝혀졌다. 신문을 읽는 사람들은 그렇지 않은 사람보다 훨씬 더 행복했고, 신문을 더 많이 읽을수록 더 행복해했다.

이처럼 과도한 텔레비전 시청은 전반적으로 행복도에 좋지 못하지만, 배우자나 사랑하는 사람과 함께할 때는 이야기가 달라진다. 매체 공유 경험, 즉 같은 책을 읽거나 함께 영화를 보거나 함께 텔레비전 프로그램을 보는 것은 커플 사이에 더 큰 유대감을 형성해주는 것으로 나타났다. 연구팀은 두 건의 사례를 통해 공통의 친구를 두는 등 같은 현실을 공유하는 것이 커플 관계의 품질을 높여줄 수 있음을 확인했다. 커플에게 공통의 친구가 없는 경우에는 매체를 공유하는 것이 두 사람 사이에 더 나은 관계를 만들어주었다. 다 같이 어울릴 만한 진짜 친구가 없다면, 사랑하는 사람과 텔레비전을 보면서 휴식을 취하는 것도 좋겠다.

Chapter 9.

행복한 도시가 행복한 사람을 만들까

지금까지는 무엇이 행복하게 해주는가에 초점을 맞췄지만, 여기에서는 잠시 범위를 넓혀보겠다. 무엇이 도시를 행복하게 하는가? 국가는 어떤가? 도시 계획자, 경제학자, 심리학자, 그 밖에도 많은 사람이 수십 년 동안 이 문제를 파헤쳐 많은 이의 전반적인 행복감을 결정지을 다양한 변수를 찾아냈다. 물론 거기 사는 사람들 또는 그리로 이사하고 싶어 하는 사람들의 갖가지 기호와 동기의 원천을 고려하면 행복을 널리 퍼뜨리는 데 완벽한 장소를 이루는 요소는 무엇인가에 대해 정확히 답변하기 힘들다. 나이가 많은 사람들에게는 좋은 의료 복지와 쾌적한 기후가 우선순위를 차지할 수 있지만, 20대 청년에게라면 신나는 밤 문화와 많은 일자리가 주된 매력 요인이 될 수 있다. 이에 학자들은 사회경제학, 인구통계학, 지리학 데이터와 광범위한 설문 조사 결과 등을 이용해서 어떤 장소를 더 매력적이고, 살 만하고, 인구 전반에 행복감을 자아내는 곳으로 만들어주는 특정한 요인들을 가려냈다.

이 장에서는 학자들이 세계에서 가장 행복한 나라로 꼽은 곳들을 살펴보고 행복한 국가나 도시가 되기 위해서는 무엇이 필요한지, 그리고 어떻게 하면 그런 곳에서 행복을 찾을 수 있는지 알아보겠다.

대도시를 벗어나면 행복해질까

대도시가 행복감을 갉아먹을 수 있으니 더 조용한 곳으로 떠나 자연과 유대를 맺는 것이 기분을 좋게 한다는 건 이미 진부한 말이 되어버렸다. 하지만 이를 뒷받침하는 증거가 있다. 시카고 대학교 전국여론조사센터는 1972년부터 미국종합사회조사GSS를 통해 미국인의 인구통계학 및 사회적 행위는 물론 스트레스, 사회 이동성, 소비 습관 같은 다양한 주제에 대해서도 정보를 수집했다. 텍사스 대학교 공공정책 연구원들은 1972년부터 2008년까지 GSS 데이터를 바탕으로 주요 대도시에 사는 사람들이 소도시나 지방에 사는 사람들보다 주관적인 행복감이 실제로 더 낮았음을 확인했다. 이 데이터는 낮은 인구 밀도나 인구 동종성 같은 그 외 변수들을 통제했을 때도 소도시나 지방에 사는 사람들이 전반적으로 더 행복하다는 사실을 보여주었다.

그런데 하버드 대학교 경제학 교수 에드워드 글레이저 Edward Glaeser는 의견을 달리한다. 자신의 저서 『도시의 승리』에서 그는 도시가 '인간의 가장 위대한 발명품'이라고 주장하면서 도시가 시민의 행복을 망친다는 주장에 반대되는 데이터로 정면 반박한다. 인구의 절반 이상이 도시에 사는 국가들에서는 국민의 30퍼센트가 매우 행복하다고 말했지만, 인구의 절반 이상이 시골에 사는 국가들에서는 그 비중이 25퍼센트로 떨어진다. 한편 도시형 국가에서는 인구 중 17퍼센트만이 매우 행복하지 않거나 전혀 행복하지 않다고 답변했지만, 도시화되지 않은 국가들에서는 그 비중이 22퍼센트나 되었다.

그는 "여러 유형의 국가에서 삶의 만족도는 도시에 사는 인구 비중과 함께 높아졌다. 국가별 소득과 교육 수준을 통제한 경우에도 마찬가지다"라고 지적했다.

1930년대부터 많은 연구원이 미국 도시를 중심으로 '삶의 질'을 측정해왔다. 그러나 통계학적 증거를 바탕으로 도시와 지역 전체의 삶의 질을 측정하기 위한 최초의 종합적 시도를 한 사람은 『사회적 행복의 지리The Geography of Social Well-Being』의 저자 데이비드 스미스David Smith다. 1974년에 출간된 이 책은 빈곤, 의료 복지, 환경 품질, 그 외에도 행복에 영향을 미치는 것으로 간주되는 다양한 요인의 통계적 데이터를 포함한다. 그러나 이 책은 복지 수당, 식습관, 소득 등 행복한 장소를 선정하기 위해 택한 변수들이 손쉽게 구할 수 있는 것들로 다소 임의적이며, 성병과 빈곤을 같은 무게로 두었다는 비판을 받았다.

어찌 됐든, 가장 행복한 도시를 선정하려는 초기의 시도가 이후 점차 발전하면서 학자들은 도시, 주, 국가의 객관적인 삶의 질 점수를 계산하기 위해 더 정교한 변수 측정 방식을 이용하는 것은 물론 도시 내 생활 편의 시설의 종류 같은 것들도 살펴보기 시작했다.

행복 보고서

UN의 지속가능발전 해법 네트워크에서 내놓은 세계 행복 보고서는 매우 단순한 수치를 바탕으로 순위를 매긴다. 바로 각 국가의 국민들이 자기 삶의 질에 대해 0에서 10이라는 척도로 매긴 평균 점수다. 이는 해들리 캔트릴Hadley Cantril의 연구를 바탕으로 만들어졌다. 구체적으로 설명하면, 응답자는 "사다리를 상상하세요. 가장 밑의 발판은 0이고 가장 위의 발판은 10입니다. 사다리의 가장 꼭대기는 당신이 상상할 수 있는 최고의 삶을 뜻하고 바닥은 당신에게 최악의 삶을 뜻합니다. 현재 당신은 개인적으로 사다리의 어느 발판을 밟고 있다고 생각합니까?"라는 질문에 답한다.

다음은 국민들이 가장 높은 발판 위에 있다고 답한 국가들이다. 높은 순위의 국가들은 2012년에 보고서가 처음 발간된 이후로 거의 달라지지 않았다.

순위	2017년	2012년
1	노르웨이	덴마크
2	덴마크	핀란드

순위	2017년	2012년
3	아이슬란드	노르웨이
4	스위스	네덜란드
5	핀란드	캐나다
6	네덜란드	스위스
7	캐나다	스웨덴
8	뉴질랜드	뉴질랜드
9	오스트레일리아	오스트레일리아
10	스웨덴	아일랜드

UN은 국가 간, 그리고 지역 간 격차를 가져온 요인이 대부분 다음 여섯 개 핵심 변수의 차이 때문이라고 밝혔다.

- 국민 일인당 GDP
- 기대 수명 중 건강하게 보내는 기간
- 사회적 지지
- 정부와 기업의 부패 또는 부재에 대한 인식

- 삶에서 여러 의사결정을 내릴 자유
- 기부

그렇다면 유럽은 어떨까? 컨설팅 회사 머서mercer는 세계에서 가장 안전하고 살기 좋은 곳을 가려내는 것을 목표로 삶의 질을 측정하는 방식을 개발했다. 이 정보는 기업들이 사업부를 세우거나 직원들을 보낼 곳을 선정할 때 이용되었다. 머서는 39개 요인을 바탕으로 생활 환경을 평가했는데, 각 요인은 다음 열 개 부문으로 분류된다.

- 정치 및 사회: 정치 안정성, 범죄율, 치안
- 경제: 환율 정책, 금융 서비스
- 사회문화: 미디어 접근성, 검열, 개인의 자유 제약 정도
- 의료 및 보건: 의약 용품 및 서비스, 전염병, 하수 처리, 폐기물 처리, 공기 오염
- 학교 및 교육: 국제 학교의 수준 및 접근성
- 공공 서비스 및 교통수단: 전기, 수도, 대중교통, 교통 체증
- 오락: 레스토랑, 극장, 공연장, 스포츠 및 여가

- 소비재: 식품 및 일상적 소비 물품 구비의 용이성, 자동차
- 주택: 임대 주택, 가전제품, 가구, 유지 보수 서비스
- 자연환경: 기후, 자연재해 기록

이러한 요인들을 바탕으로 2017년 가장 살기 좋은 도시로 선정된 열 곳은 다음과 같다.

- 오스트리아 빈
- 스위스 취리히
- 뉴질랜드 오클랜드
- 캐나다 밴쿠버
- 독일 뒤셀도르프
- 독일 프랑크푸르트
- 스위스 제네바
- 덴마크 코펜하겐
- 스위스 바젤
- 오스트레일리아 시드니

평등은 모두를 위한 것이다

GSS 데이터를 조사한 연구팀은 소득 불평등이 적었던 해에 미국인들이 평균적으로 더 행복했다는 사실을 발견했다. 반면 소득 수준 간 차이가 더 큰 해에는 불공정하다는 인식이 높고, 신뢰 수준이 낮게 나타났다. 특히 국가 전체에 소득 불평등이 커질 때는 서로 간의 신뢰도가 떨어졌다.

어쩌면 당연한 일일 수도 있겠지만, 소득 차이와 행복 간의 부정적인 연관성은 소득이 높은 응답자들에게는 나타나지 않고 소득이 낮은 응답자들에게만 나타났다. 하지만 저소득 응답자들의 행복감을 저하시킨 원인은 줄어든 소득이 아니었다. 원인은 바로 낮은 신뢰였다. 연구팀은 소득 차이가 없는 소득 성장만이 인구 전반의 행복 증대를 가져온다는 결론을 내렸다.

전염병학자 리처드 윌킨슨Richard Wilkinson과 케이트 피켓Kate Pickett은 이러한 주장을 한층 더 확장했다. 그들은 불평등이 심한 곳에 더 다양하고 심각한 문제가 나타난다는 증거를 발견했다. 해당 지역이 얼마나 잘살고 못사는지는 관계가 없었고, 미국 전체 50개 주만이 아니라 그 외 선진국 23개국에 모두 해당했다. 부자와 가난한 사람 사이에 차이가 벌어질 때 악화되는 문제점들로는 약물 남용, 10대 임신, 폭력, 비만, 구금률 등이 있었다. 불평등에 부정적인 영향을 받는 것들로는 신체적 건강, 정신적 건강, 어린이 복지, 사회적 이동성 그리고 당연히 서로 간의 신뢰가 있었다.

한편 에라스뮈스 대학교 소속 경제학자 빔 칼민Wim Kalmijn과 행복 연구의 개척자 뤼트 비엔호벤Ruut Veen-hoven이 평등에 따른 행복 지수를 만들었다. 단순히 한 나라의 평균적인 행복 수준만 보는 것이 아니라 시민들 사이에 상대적인 불평등도 측정하는 지수다. 연구 대상인 총 15개 국가 중에서 덴마크가 100점 만점 중 75점을 얻어 1위를 차지했고, 꼴찌는 22점을 받은 탄자니아였다.

문화적 성격이 삶의 만족도를 정한다

개인주의적 국가들도 매우 감정적일 수 있다. 61개 국가의 삶의 만족도를 비교 조사한 일리노이 대학교 어바나-샘페인 캠퍼스의 연구팀은 미국이나 서유럽 등 개인의 성취, 자립, 경쟁 등을 중시하는 개인주의적 국가들과 한국이나 중국처럼 결집력, 통일, 가정, 조직 등을 중시하는 집단주의 국가들에서 삶의 만족도를 예측하는 변수가 서로 다름을 발견했다.

6만 2000여 명의 응답을 분석한 연구팀은 개인주의적 문화에서 감정이 삶의 만족도에서 중요한 예측 변수임을 알아냈다. 집단주의 국가에서는 규범적 신념이 삶의 만족도를 예측하는 데 감정만큼이나 정확한 예측 변수였다. 예를 들면 자신이 배우자나 고용인으로서 자기 역할에 어울리게 살아가고 있다는 느낌 같은 것 말이다. 연구팀은 집단주의 국가에서 삶의 만족도가 변동하는 원인의 40퍼센트는 규범에 기인한 것으로 나타났으나 개인주의 국가에서는 그 비중이 12퍼센트에 불과했다고 덧붙였다.

감정이 삶의 만족도를 좌지우지할 가능성이 집단주의 국가에서는 39퍼센트였지만, 개인주의 국가에서는 거의 두 배인 76퍼센트로 나타났다. 따라서 어떤 사람이 왜, 또는 어떻게 특정한 감정을 느끼는가에 관계없이 그 감정이 실제로 삶에 영향을 미치는 방식은 문화에 따라 달라진다는 결론을 얻을 수 있다.

어떤 학자들은 단순히 누군가 실제로 어떤 감정을 느끼는가를 진단하는 대신, 그 사람들이 어떤 기분을 선호하는지를 생각한다. 스탠퍼드 대학교 심리학과 부교수 진 차이Jeanne

Tsai는 이것을 '이상적인 감정ideal affect'이라고 정의한다. 그는 설문을 통해 흥분이나 열정 같은 높은 수준의 감정적 각성을 선호한다고 응답한 북미인과 침착과 평온 같은 낮은 수준의 감정적 각성을 선호한다고 응답한 동아시아인을 비교했다. 그에 따르면, 사람들은 기분이 좋아지기 위해 하는 일이 서로 다르며 저마다 생각하는 이상적인 감정도 다르다.

"10년간의 연구 끝에 이상적인 감정에 대한 진 차이 교수의 이론은 대부분 입증되었습니다. 그렇지만 이는 문화적인 성향이라는 사실을 명심해야 합니다. 북미인들도 어떤 때는 어떤 이유로 낮은 감정적 각성을 경험하고 싶어 하고 조금 더 수동적인 여가 활동에 참여합니다. 이와 마찬가지로 중국인들 역시 어떤 때는 높은 감정적 각성을 경험하고 싶어서 더 활동적인 여가 활동을 합니다.
따라서 여가 활동에 참여하는 데서 얻는 혜택은 본질적으로 비슷합니다. 하지만 문화에 따라 그 종류는 다르지요."

— 고든 J. 워커Gordon J. Walker, 앨버트 대학교 운동학, 스포츠 · 레크리에이션 교수

살 만한 나라로 만들어주는 것들

돈으로 개인의 행복을 살 수 없는 것처럼 국가도 마찬가지

다. 노벨상 수상 경제학자 아마르티아 센Amartya Sen은 상대적 자유의 확대를 경험하는 곳에 경제 성장과 삶의 품질이 뒤따른다는 사실을 발견했다. 그는 이러한 발견을 바탕으로 국가들이 소득 수준이나 국민총생산보다는 국민이 자신이 원하는 방식대로 살 수 있도록 자유를 최대한 확대하는 데 초점을 맞추는 것이 더 낫다고 주장했다. 그는 국민을 행복하게 하기 위해서는 잘살기 위한 수단에 초점을 맞추기보다는 현재 사람들의 실제 삶에 집중하라고 덧붙였다.

국민을 행복하게 하는 방법으로는 스포츠도 있다. 스포츠 행사에서 중요한 건 이기고 지느냐가 아니다. 당신이 행사의 주최 측이냐 아니냐다. 한 연구팀은 유럽 12개국을 연구한 결과 올림픽, 월드컵, UEFA 챔피언십 등 국제 스포츠 행사를 개최하는 것이 자국민에게 주관적인 삶의 만족도를 높여주는 데 유의미한 기여를 했다는 사실을 발견했다. 비록 오래 지속되지는 않지만, 자국이 스포츠 행사를 개최한다는 데서 얻는 행복감은 결혼으로 얻는 삶의 만족도 증가분과 거의 비슷했다.

그러나 국민 차원의 행복감과 성공 사이에서는 유의미한 상관관계를 찾지 못했다. 국가 대항 경기에서 대표팀이 기대한 것보다 더 잘한다거나 자국이 기대한 것보다 더 많은 올림픽 메달을 따는 일 같은 것 말이다. 즉, 그저 개최국이 되는 것만으로도 국민들의 기분이 좋아지는 것이었다.

행복한 곳일수록 자살률이 높다

영국 워릭 대학교, 뉴욕의 해밀턴 칼리지, 샌프란시스코 연방준비은행의 경제학자들은 행복한 도시와 국가들을 분석하던 중 이상한 점을 발견했다. 지구상에서 가장 행복한 곳들이 가장 높은 자살률을 보이는 경우가 종종 있다는 점이다. 연구팀은 미국인의 삶의 만족도 점수, 세계 가치관 조사의 주관적 행복 순위, 자살률 등을 바탕으로 행복한 장소와 높은 자살률 간의 일관적인 상관관계를 찾아냈다.

그들은 그 이유가 행복한 사람들이 자신의 목숨을 끊는 경향이 있기 때문이 아니라, 자신의 행복은 자살을 막아주는 요인이 되지만 남들의 행복은 위험 요인이 되기 때문이라고 보았다. 그들은 실업, 비만, 범죄 등 삶의 부정적인 부분들을 다룬 많은 연구 사례를 언급하며, 사람은 타인도 자신과 비슷한 결과를 가질 때 자신을 덜 가혹하게 평가한다는 사실을 지적했다. 하지만 자신은 불행한데 주변 사람들은 행복하다면 우울감이 더할 것이다. 이처럼 행복을 추구할 때의 어두운 면을 다음 장에서 살펴보자.

Chapter 10.

행복이 인생의 목표는 아니다

이 이야기를 꺼내기엔 조금 늦은 게 아닌가 싶기도 하지만, 행복하다는 것이 언제나 좋은 것은 아니다. 이 책은 행복이 바람직한 상태이며 행복해지는 것이 당신의 일, 삶, 인간관계를 더욱 향상시킬 것이라는 입장을 기반으로 하고 있다. 이는 대부분 사실이긴 하지만 행복이 문제가 되는 경우도 있다. 행복을 찾아가는 길이 당신의 삶에서 문제를 일으키거나 심지어 삶을 완전히 끝내버릴 수도 있다. 행복은 모든 것의 해답이 아니기 때문이다.

이 장에서는 언제 행복이 문제가 될 수 있는지, 또 얼굴에 미소를 띠는 것으로 모든 문제를 해결할 수 없는 상황은 무엇인지를 다뤄보겠다. 그런 다음에는 감정을 누그러뜨리는 것이 도움이 되는 경우는 언제인지, 어떻게 하면 부정적인 감정을 잘 이용하여 장기적으로 삶의 만족도에 긍정적인 영향을 발휘할 수 있는지에 관해 몇 가지 요령을 제시하고자 한다. 거짓말쟁이들을 알아볼 때든, 창의력을 발휘할 때든, 아니면 그저 사이코패스가 되는 걸 피하기 위해서든 우울한 기질이 자신에게 도움이 되는 경우는 분명 있다.

행복이 아닌 감정도 중요한 이유: 감정 다양성

많은 사람이 행복에 주목한다. 하지만 학자들은 더 전체적인 정서적 건강을 얻기 위해서는 그 크고 빛나는 감정 이외의 것도 돌아볼 줄 알아야 한다고 믿는다. 이러한 주제를 파고든 학자들은 정서적 건강을 행복부터 불행까지 점수를 매기는 단순 척도가 아니라 즐거움, 기쁨, 경외심, 만족감, 감사함 등 다양한 감정이 균형을 이루는 생태계, 즉 '감정 다양성 emodiversity'으로 받아들이는 것이 결과적으로 더 큰 건강을 가져다준다는 사실을 깨달았다. 한 연구팀이 3만 7000여 명의 응답자를 대상으로 두 건의 횡단 연구를 하여 자연과학에서 생태계의 생물 다양성을 수량화하는 방식과 비슷한 방법으로 측정한 결과 높은 수준의 감정 다양성은 특정한 긍정적 감정이 농축되어 있을 때보다 정신 및 신체 건강과 더 큰 연관성을 보인다는 사실을 확인했다.

이것은 신체 건강에도 영향을 미칠 수 있다. 인간 발달 및 노인학 교수가 175명의 성인에게 30일에 걸쳐 매일 일과가 끝날 때 긍정적인 감정과 부정적인 감정을 추적하여 일기에 적게 한 결과, 긍정적인 감정에서 더 큰 다양성을 보인 사람들이 더 건강했다. 구체적으로 말하자면 그런 응답자들이 2형 당뇨병이나 류머티즘성 질병 등을 일으킬 수 있는 염증 반응 수치가 낮았다. 그러니 다양한 긍정적 감정을 받아들이고 행복을 많은 감정 중 유용한 기분 정도로 여겨보자.

그렇다면 상반된 감정을 동시에 느낄 때는 어떨까? 두 명의 심리학자가 상반된 감정을 동시에 느끼는 경험과 그것이 심리적 행복에 미치는 영향을 연구하기 위해 일주일에 한 번씩 12주에 걸쳐 진행된 피험자 47명과의 심리 상담을 모니터링했다. 그 결과 행복과 슬픔을 동시에 느끼는 경험이 장기적으로 유의미한 심리적 자기 개선의 전조라는 사실을 발견했다. 역경의 와중에 행복과 슬픔을 동시에 경험하는 것이 즉각적인 도움은 되지 않을 수 있지만 가까운 미래에 심리적 행복을 높여주는 신호일 수 있다는 것이다. 얻은 것과 잃은 것을 받아들여라. 그것들을 함께 받아들이면 장기적으로 당신은 더 발전할 수 있는 위치에 서게 될 것이다.

행복하려고 할수록 불행해진다

조금 더 우려되는 소식이다. 행복도를 높이기 위해 애쓰다 보면 오히려 그 반대의 결과가 나타날 수 있다고 한다. 행복에 큰 가치를 매길수록 그것을 얻지 못할 때 큰 실망감을 느끼게 되기 때문이다.

한 연구팀은 피험자 한 그룹에 음악을 들려주면서 행복한 기분을 느끼기 위해 노력하라고 주문했다. 이들은 아무런 지시를 받지 않고 음악을 들은 대조군의 사람들보다 덜 행복했다고 답변했다.

또 다른 연구에서는 행복을 중시할수록 심리적 행복감과 삶의 만족도가 떨어진 것은 물론, 우울증 같은 정신적 건강의 문제점도 커졌다는 사실을 발견했다. 피험자들에게 행복의 혜택을 설명한 가짜 신문 기사와 설명하지 않은 가짜 기사 둘 중 하나를 읽게 한 뒤 행복한 영화와 슬픈 영화 둘 중

하나를 시청하게 했다. 무작위로 형성된 이 네 그룹을 분석한 결과 신문 기사를 읽고 행복을 중요하게 여기게 된 사람들은 그렇지 않은 사람들과 비교해 행복한 영화를 본 뒤 기분이 더 나빠졌다고 응답했다.

행복해지기 위해 지나치게 노력하는 것은 다른 사람들과의 관계에 부정적인 영향을 줄 수 있다. 한 연구에서는 행복을 중시한다고 표현한 피험자일수록 일기장에 외로움을 더 드러냈다. 또 다른 연구에서는 행복에 더 큰 가치를 두도록 주입받은 피험자가 결과적으로 더 큰 사회적 단절을 느꼈다. 이러한 패턴을 살펴본 연구팀은 개인적인 이익을 위해 행복을 추구하는 행동이 결국 타인과 멀어지게 하기 때문이라고 보았다.

그렇다면 행복해지려는 노력을 포기하라는 말인가? 그렇지는 않다. 단순히 자신이 경험하지 못한 긍정적인 기분을 갈망하는 것이 오히려 기분을 나쁘게 할 수 있으며, 그 반대도 마찬가지다. 부정적인 기분을 받아들이면 그것에 맞서 싸우는 것보다 그 시기를 빨리 통과할 수 있다.

한 연구에서 공황 장애를 앓는 피험자를 세 그룹으로 나누고 각각 받아들여라, 억제하라, 통제하라는 지시를 내렸다. 그 결과 자신의 병을 받아들이라는 지시를 받은 사람들은 공황 장애를 유발할 수 있는 실험 과정에서 다른 두 그룹의 사람들보다 불안감을 덜 느꼈다.

행복해지려고 너무 애쓰지 말고, 부정적인 감정을 일상의 자연스러운 일부로 받아들이자. 어차피 언제나 행복할 수는 없는 법이다.

행복이 주는 뜻밖의 부작용

행복이 삶에 가져다주는 혜택은 너무나도 많다. 그래서 행복이 클수록 인생이 더 좋아질 것만 같다. 하지만 과도한 행복은 그다지 좋지 못하다. 두 명의 학자가 아리스토텔레스의 중용 개념을 이용해 '긍정적인 특성도 변곡점에 다다르면 부정적으로 변한다'는 이론을 제시했다. 예를 들어 과도한 자선이 낭비로 이어지고, 과도한 용기가 무모함으로 바뀌는 것처럼 말이다.

심리학에는 '뒤집힌 U자inverted U'라고 부르는 현상이 있다. 좋은 일이 적당한 수준일 때 최고의 성과가 나오고, 부족하거나 지나칠 때 성과가 급격히 떨어지는 것을 말한다. 행복에도 이와 비슷한 개념이 적용된다. 행복감의 정도가 위험할 정도로 높으면 여러 가지 부정적 결과를 낳을 수 있다.

또 지속해서 행복감이 높으면 그 이후에도 계속 행복한 일을 찾으려 하기 때문에 위험한 행동으로 이어질 수 있다는 심리학 연구 결과가 있다. 약물 남용을 통해 황홀경에 빠지려고 하거나, 단순히 새로운 경험이 아니라 배우자나 애인 등 일관성을 유지하는 것이 가장 좋은 대상들에서까지 색다른 것을 끊임없이 찾아 헤매거나 하는 경우가 이에 속한다. 심리학자들은 이것이 삶에 불안정성을 일으키고, 이런 경향이 장기화되면 불행해질 수 있다고 주장한다.

이러한 문제를 들여다본 학자들은 어떤 감정이든 한껏 고양된 상태를 경험해본 사람들은 과음, 위험한 성적 행동, 폭식 같은 분별없는 행동을 할 가능성이 높다는 사실을 발견했다.

심지어 한 연구에서는 부모나 교사가 활기차거나 낙관주의의 정도가 높다고 평가한 어린이들은 수명이 짧을 수 있다는 결과도 나타났다. 캘리포니아에 거주하는 학생 1200여 명을 70년 동안 추적 조사한 해당 연구에서 높은 수준의 활기가 수명 단축과 연관성이 있다는 사실을 찾아냈다.

이 외에도 너무 행복할 때 느껴지는 부작용은 많다. 오스트레일리아 뉴사우스웨일즈 대학교 연구팀은 행복한 사람들이 남에게 더 잘 속는다는 사실을 알아냈다. 세 그룹의 피험자들은 긍정적인 감정을 유발하는 '영국 코미디 시리즈', 부정적인 감정을 유발하는 '암으로 죽는 내용의 영화 일부', 중립적 감정을 일으키는 '다큐멘터리 영상'을 각각 10분씩 보았다. 그런 다음 경찰이 남녀 대학생을 심문하는 영상 네 편을 보았다. 어떤 방에 영화 티켓이 든 봉투가 놓여 있는데, 어떤 학생들은 이를 가져갔고 어떤 학생들은 가져가지 않았다. 하지만 경찰이 심문할 때는 모두가 가져가지 않았다고 주장했다.

피험자들은 학생들이 실제 티켓을 가져가지 않고 그러한 사실을 주장하는 영상과, 가져가 놓고 가져가지 않았다고 주장하는 영상을 모두 보았다. 그들은 진실을 이야기하는 학생들을 찾아내는 데는 앞서 행복한 영상을 보았든 슬픈 영상을 보았든 모두 유능했다. 그런데 거짓말을 하는 학생들을 가려내는 데는 앞서 슬픈 영상을 본 사람들이 훨씬 더 뛰어났다. 사기 전문 수사관이나 판사로 일하고 싶다면 눈물을 쏙 빼는 영화들을 찾아보는 게 좋지 않을까.

부정적인 성격이 삶을 풍요롭게 한다

너무 행복하면 판단력이 흐려질 수 있다. 학자들은 '우울증적 현실주의depressive realism'라는 개념을 만들어 냈는데, 이는 우울증에 시달리는 사람들이 주변 현실과 그 속의 자기 위치에 대해 더 정확한 시각을 보인다는 뜻이다. 심리학자 로렌 B. 앨로이Lauren B. Alloy와 린 Y. 에이브럼슨Lyn Y. Abramson이 일련의 실험을 통해 우울증에 걸린 학생과 그렇지 않은 학생 각각 144명을 대상으로 이 이론의 효과를 살펴보았다. 실험에서는 피험자들에게 버튼을 누르게 했는데, 버튼을 누르면 녹색 불이 들어올 때도 있고 들어오지 않을 때도 있었다. 사실 피험자들에게는 버튼의 불빛을 통제할 힘이 없었고 연구팀이 켜지거나 켜지지 않도록 조종했다. 실험이 끝난 뒤 피험자들이 불빛을 통제하는 권한의 정도에 대해 점수를 매기라고 하자 우울증에 걸린 학생들이 더 정확한 답변을 내놓았고, 우울증에 걸리지 않은 학생들은 자신의 통제권을 과대평가했다.

피험자들에게 자신에 대해 평가를 하게 한 다른 많은 연구에서도 우울증에 시달리는 사람들이 더 정확한 답변을 했다. 어쩌면 '비관적'이라고 생각한 성격이 사실은 '현실적'인

것이 아닐까.

융통성도 마찬가지다. 심리학자 바바라 프레드릭슨Barbara Fredrickson과 마셜 로사다Marcial Losada에 따르면 낮에 느껴야 할 긍정적 감정과 부정적 감정의 이상적인 비율이 약 3대 1이라고 한다. 그들은 188명의 피험자에게 한 달 동안 매일 느끼는 긍정적인 감정과 부정적인 감정을 자세히 적어 제출하게 했다. 긍정적 감정이 부정적 감정보다 평균 2.9배 이상 많았던 사람들은 기능과 건강 면에서 최적의 상태로 활동하는 것으로 나타났다. 그리고 그것보다 긍정적 감정의 비중이 작았던 사람들은 개인으로서든, 배우자로서든, 직장인으로서든 어려움을 겪고 있었다.

그런데 긍정적 감정의 비중이 지나치게 높으면 자기만의 방식에 갇히는 결과가 발생했다. 프레드릭슨과 로사다에 따르면 긍정적 감정 대 부정적 감정의 비율이 5대 1 이상으로 과도하게 차이 나는 사람은 행동 양식이 더 특정한 방식으로 굳어져 있었다. 적절한 부정적 감정이 없다면 행동 패턴에서 융통성이 사라질 수 있다는 의미다.

행복은 창의력마저 떨어트린다. 노스 텍사스 대학교의 마크 A. 데이비스Mark A. Davis는 기분과 창의성의 관계에 대한 메타 분석을 통해 적당한 긍정성이 틀에서 벗어나 사고할 수 있게 돕는다는 사실을 발견했다. 그러나 행복감이 지나치게 높은 사람들은 행복감이 조금 떨어지는 사람만큼 창의성을 발휘하지 못했다.

부정적인 감정이 주는 긍정적인 효과는 이 외에도 다양하다. 그루버Gruber와 동료 연구원들은 부정적 감정이 생리학적 변화로도 이어질 수 있다고 지적했다. 예를 들면 어떤 행동을 취하기 전에 신체가 미리 준비하고 긴장하는 것, 즉 두려움을 느낄 때 맞서 싸우거나 도망갈 수 있도록 심박 수가 올라가는 것처럼 말이다. 그런데 이런 부정적인 감정이 부족하면 불리해질 수 있다. 신체가 싸울 준비가 되어 있지 않기 때문이다. 연구팀은 "쾌활한 사람은 겁이 많은 사람보다 주변 환경에서 잠재적인 위협을 감지하는 데 느릴 수 있다"고 밝혔다.

뉴사우스웨일즈 대학교 연구팀은 세 건의 실험을 통해 기분 좋은 사람들이 슬픔에 빠진 사람들보다 덜 공정하다는 사실을 알아냈다. 희소한 자원을 자기 자신에게나 다른 사람에게 배당할 수 있는 권한을 주는 '독재자 게임'을 이용해 실험했는데, 기분이 좋을 때 더 이기적인 행동을 할 수 있다는 게 드러났다. 이유는 무엇일까? 연구팀은 기분이 좋은 사람들은 자신에게 더 집중하는 반면, 기분이 나쁜 사람들은 외부적인 요인에 더 집중하고 사회 규범에 더 민감하기 때문일 것이라고 보았다.

온전한 정신 상태와 행복은 불가능한 조합이다

협상을 할 때도 마찬가지다. 연봉 인상을 요구할 때든 도급업자와 흥정할 때든, 효과적인 협상은 두 사람 또는 그 이상의 사람들이 서로 다른 이해관계 속에서 균형점을 찾는 것이다. 그런데 좋은 기분으로 협상에 임하면 다소 불리할 수 있다.

네덜란드 암스테르담 대학교 연구팀은 한 실험을 통해 이 가설을 실험해보았다. 그들은 피험자들에게 컴퓨터 프로그램으로 설계된 구매자에게 최대한 비싼 값을 받고 휴대전화를 판매하도록 했다. 그런데 흥정을 시작하기 전에 피험자들에게 구매자의 현재 상태, 즉 상대가 지금 화난 상태인지 기분 좋은 상태인지 알려주었다. 거래 상대자가 기분 좋은 상태라고 생각한 판매자들은 최대한 높은 값을 부르고 최소한의 양보만 했다. 반대로 구매자가 화가 난 상태라고 믿은 판매자들은 가장 낮은 값을 부르고 자기 측에서 최대한 양보하는 모습을 보였다.

또 너무 행복하면 가난하거나 교육 수준이 낮다는 연구 결과가 있다. 행복 연구라는 분야에 많은 기여를 한 오이시 시게히로Oishi Shigahiro, 에드워드 디너, 리처드 E. 루카스Richard E. Lucas는 '지나친 행복이라는 상태가 가능한가?'라는 질문을 던졌다. 그들은 네 가지 대규모 장기 연구와 대규모 횡단 연구, 그 밖의 다양한 연구를 통해 총 10만 명이 넘는 응답자의 수와 어마어마한 양의 데이터를 파헤쳤다. 그 결과 적당한 수준의 행복감을 경험한 사람들이 소득, 교육 수준, 그 밖의 분야에서 가장 높은 성과를 보인다는 사실을 알아냈다.

그 이유에 대해 학자들은 다음과 같이 밝혔다. 현재 자신의 상태에 완벽히 만족하면 커리어나 교육 면에서 더 큰 성취를 위해 자신을 밀어붙이지 않게 된다. 국가나 세계적 차원에서 볼 때도 현재 상태에 만족하는 사람들은 변화를 일으키려 들거나 정치 및 사회 운동에 가담할 가능성이 적다.

그런데 같은 연구에서 인간관계와 자원봉사 활동 등은 지나치게 행복한 사람들의 성과가 가장 높았다. 친구를 사귀는 데는 과도한 행복의 악영향이 없는 모양이다.

한편, 긍정적 감정이나 부정적 감정 어느 한쪽이 극도로 고양되어서 다른 하나가 없는 상태는 정신병, 아니면 최소한 어떤 이상의 징조일 수 있다. 1992년, 리버풀 대학교 교수 리처드 벤-톨Richard Ben-tall이 행복을 정신 질환의 하나로 분류하자는 주장을 내놓았다. 그는 행복은 통계학적으로 비정상적이고, 특정한 증상들로 이루어져 있으며, 다양한 인지 이상과 연관될 뿐 아니라 중추신경계의 비정상적 기능을 반영한 것일 수 있으니 정신 질환의 대부분 기준에 부합한다는 결론을 내렸다.

예일 대학교의 그루버 교수 역시 극단적인 행복감은 부정적 감정의 부재를 초래할 수 있고, 이것은 정신병으로 가는 더욱 심각한 질병 과정으로 이어진다고 지적했다. 부정적 감정의 부재는 또한 반사회적 행동을 하고도 양심의 가책을 느끼지 못하는 사이코패스의 전형적인 특징이기도 하다.

불행은 우리를 성장하게 한다

논쟁에서 이기려면 화를 좀 낼 수밖에 없는 경우가 종종 있다. 그리고 때로는 화를 내는 것이 우리 몸에 좋다는 사실이 입증되기도 했다. 한 연구팀은 175명의 피험자에게 역할극을 통해 서로 대립하거나 협력하게 했다. 다만 그 전에 주어진 시나리오에 맞춰 화나거나, 행복하거나, 중립적인 감정을 느끼게 하는 음악을 골라 듣게 했다.

대립하는 역할을 수행하기 전 과격한 음악을 선택한 사람들, 즉 자신을 적절한 기분으로 만들어줄 배경음악을 택한 사람들은 행복하거나 중립적인 음악을 선택한 사람들에 비해 삶의 만족도가 더 높고 사회적으로 인맥망이 더 넓었다. 연구팀은 불쾌한 감정이라도 필요한 때에는 기꺼이 느끼고자 했던 사람들이 결국에는 전반적으로 더 행복하다는 결론을 내렸다.

크나큰 역경은 삶에 대한 낮은 만족도나 외상 후 스트레스 장애처럼 장기적으로 해로운 결과를 가져올 수 있다. 그러나 한 연구에 따르면 약간의 고난은 평생에 걸쳐 정서적인 혜택을 줄 수 있다고 한다. 연구팀은 몇 년 동안 약간의 고난을 경험한 적이 있는 사람들은 고난이 심했던 사람이나 고난을 전혀 겪어보지 않은 사람들보다 정신적으로 더 건강하고 더 행복하다는 사실을 알아냈다. 연구팀은 이 결과가 그들이 얻은 회복력 때문이라고 보았다. 정신적 회복력 덕분에 새로이 부정적인 일들이 벌어져도 영향을 덜 받게 되는 것이다.

살면서 직면했던 어려움을 떠올려보고, 그것을 어떻게 이겨내고 그를 통해 얼마나 성장했는지 적어보면 어떨까. 당신은 스스로 생각하는 것보다 더 멋지고 강한 사람이라는 걸 깨닫게 될 것이다.

가짜 행복은 다른 사람도 불행하게 만든다

행복의 많은 혜택을 누리려면, 또는 당신의 행복이 다른 사람들에게 긍정적인 영향을 미치게 하려면 그 행복은 진정한 것이어야 한다. 가장한 행복은 그것을 보는 사람들에게 덜 긍정적인 인상을 준다는 사실이 밝혀졌다.

캘리포니아 대학교에서 실시한 연구에서 피험자들에게 진짜 미소를 짓는 사람들과 가짜 웃음을 짓는 사람들의 영상을 보여주었다. 진심에서 우러난 미소를 지을 때는 눈을 둘러싼 특정 근육이 움직이므로, 미소가 진짜인지 아닌지 가려낼 때는 이 근육의 움직임을 측정 도구로 이용했다.

영상을 본 피험자들은 81퍼센트의 승률로 두 가지 미소를 구별해냈다. 연구팀은 기쁨이 담긴 미소를 보일 때는 그 사람이 더욱 긍정적으로 보인다는 결론을 내렸다. 그래서 진심 어린 미소를 짓는 사람들은 더 정확히 구별되었고, 그 사람들이 관찰자에게 더 긍정적인 영향을 미쳤다고 밝혔다.

나쁜 것은 좋은 것보다 강하다

우리는 부정적 언어를 사용하는 사람이 긍정적 언어를 사용하는 사람보다 더 똑똑하다고 여기는 경향이 있다. 이를 조사하기 위해 하버드 경영대학원 교수 테레사 애머빌Teresa Amabile은 가상의 책에 대해 두 개의 동일한 평을 쓴 다음, 긍정적인 단어와 부정적인 단어를 각각 열 개씩 집어넣었다. 실험 결과 피험자들은 부정적인 비평가가 긍정적인 비평가보다 더 문학적 전문성을 보인다고 생각했다.

당신이 전반적으로 행복한 사람이라면 글을 쓰거나 어떤 주장을 펼칠 때 부정적인 표현을 의도적으로 조금 집어넣는 게 좋을 것이다. 그러면 더 강한 인상을 남기거나 더 똑똑한 사람처럼 보일 수 있다.

나쁜 것은 좋은 것보다 강하다. 또 부정적인 사건은 긍정적 사건보다 우리에게 더 큰 영향을 남긴다. 긍정적 감정 수준이 높은 사람은 중요한 위협이나 위험 요소들을 간과한다는 연구 결과가 나왔다. 케이스 웨스턴 리저브 대학교와 암스테르담 자유대학교 공동 연구팀은 '나쁜 것은 좋은 것보다 강하다'라는 제목의 논문을 통해 왜 우리 삶에서는 항상 나쁜 일들이 좋은 일들을 이기는지를 살펴보았다. 그들은 나쁜 부모, 나쁜 경험, 나쁜 식사는 좋은 부모, 좋은 경험, 좋은 식사보다 우리의 삶에 더 큰 영향을 미친다는 사실을 지적했다. 돈을 잃는 것은 돈을 따는 것이 가져다주는 기쁨보다 더 큰 정신적 고통을 안긴다. 심지어 좋은 냄새보다 불쾌한 냄새를 맡았을 때 얼굴을 더 과하게 찌푸린다.

연구팀은 나쁜 일들에 더 예민하게 반응하는 것에는 진화론적인 이유가 있다고 보았다. 위험을 피하고 위협을 알아봄으로써 적응하고 발전하기 위해서라는 것이다. 나쁜 결과물은 무언가 변화를 주어야 한다는 사실을 일깨워주지만 좋은 결과물은 변화가 필요 없다는 사실을 뜻한다. 긍정적 결과물을 생각하기보다는 잠재적으로 부정적인 결과를 걱정하게 하는 것이 우리의 생존 본능이기도 하다.

"공유하지 않는 행복은 행복이라 부를 수 없다.
격식이 떨어지니까."

– 샬럿 브론테Charlotte Bronte

참고문헌

- D. Kahneman, E. Diener, N. Schwarz, Well-Being: Foundations of Hedonic Psychology, Russell Sage Foundation, 1999, p213 – 229. E. Diener, R. E. Lucas, "Personality and Subjective Well-Being"
- E. Diener, Assessing Well-Being, Springer, 2009, p247 – 266. Ed Diener 외, "New Measures of Well-Being"
- Alan S. Waterman, "Two Conceptions of Happiness: Contrasts of Personal Expressiveness (Eudaimonia) and Hedonic Enjoyment," Journal of Personality and Social Psychology 64, no. 4, 1993, p678 – 691.
- Waterman, "Two Conceptions of Happiness."
- Kristina M. DeNeve, Harris Cooper, "The Happy Personality: A Meta-Analysis of 137 Personality Traits and Subjective Well-Being," Psychological Bulletin 124, no. 2, 1998, p197 – 229.
- Sonja Lyubomirsky, The How of Happiness: A Scientific Approach to Getting the Life You Want, Penguin, 2008.
- Kennon M. Sheldon, Andrew J. Elliot, "Goal Striving, Need Satisfaction, and Longitudinal Well-Being: The Self-Concordance Model," Journal of Personality and Social Psychology 76, no. 3, 1999, p482 – 497.

- David Lykken, Auke Tellegen, "Happiness Is a Stochastic Phenomenon," Psychological Science 7, no. 3, 1996, p186 – 189.
- Daniel Kahneman, Angus Deaton, "High Income Improves Evaluation of Life But Not Emotional Well-Being," Proceedings of the National Academy of Sciences 107, no. 38, 2010, p16489 – 16493.
- Andrew E. Clark, Andrew J. Oswald, "Satisfaction and Comparison Income," Journal of Public Economics 61, no. 3, 1996, p359 – 381.
- Ed Diener, Martin E. P. Seligman, "Beyond Money: Toward an Economy of Well-Being," Psychological Science in the Public Interest 5, no. 1, 2004, p1 – 31.
- C. Hoppmann, P. Klumb, "Daily Goal Pursuits Predict Cortisol Secretion and Mood States in Employed Parents with Preschool Children," Psychosomatic Medicine 68, no. 6, p887 – 894, https://doi.org/10.1097/01.psy.0000238232.46870.f1
- Barry M. Staw, Robert I. Sutton, Lisa H. Pelled, "Employee Positive Emotion and Favorable Outcomes At the Workplace," Organization Science 5, no. 1, 1994, p51 – 71.
- Richard M. Ryan, Christina Frederick, "On Energy, Personality, and Health: Subjective Vitality as a Dynamic Reflection of Well-Being," Journal of Personality 65, no. 3, 1997, p529 – 565.
- Deepak Malhotra, J. Keith Murnighan, "The Effects of Contracts on Interpersonal Trust," Administrative Science Quarterly 47, no. 3, 2002, p534 – 559.
- Craig Knight, S. Alexander Haslam, "The Relative Merits of Lean, Enriched, and Empowered Offices: An Experimental Examination of the Impact of Workspace Management Strategies on Well-Being and Productivity," Journal of Experimental Psychology: Applied 16, no. 2, 2010, p158 – 172.
- Marlon Nieuwenhuis 외, "The Relative Benefits of Green Versus Lean Office Space: Three Field Experiments," Journal of Experimental Psychology:

Applied 20, no. 3, 2014, p199 – 214.

- Evelyne St-Louis 외, "The Happy Commuter: A Comparison of Commuter Satisfaction Across Modes," Transportation Research Part F: Traffic Psychology and Behaviour 26, part A, 2014, p160 – 170.
- Shawn Achor, "Positive Intelligence," Harvard Business Review 90, no. 1, 2012, p100 – 102.
- Giada Di Stefano 외, "Making Experience Count: The Role of Reflection in Individual Learning," Harvard Business School NOM Unit Working Paper, no.14-093, 2016.
- Amy Wrzesniewski, Justin M. Berg, Jane E. Dutton, "Managing yourself: Turn the Job You Have Into the Job You Want," Harvard Business Review 88, no. 6, 2010, p114 – 117.
- Susan Sorenson, "How Employees' Strengths Make Your Company Stronger," Gallup News, February 20, 2014.
- John P. Trougakos, Ivona Hideg, "Momentary Work Recovery: The Role of Within-Day Work Breaks," Current Perspectives on Job-Stress Recovery (Research in Occupational Stress and Well-Being, 7, Emerald Group Publishing Limited, 2009, p37 – 84.
- Derek Thompson, "A Formula for Perfect Productivity: Work for 52 Minutes, Break for 17," The Atlantic, September 17, 2014. https://www.theatlantic.com/business/archive/2014/09/science-tells-you-how-many-minutes-should-you-take-a-break-for-work-17/380369/
- Francesco Cirillo, "The Pomodoro Technique (The Pomodoro)," Agile Processes in Software Engineering and Extreme Programming 54, no. 2, 2006.
- John P. Trougakos 외, "Lunch Breaks Unpacked: The Role of Autonomy as a Moderator of Recovery During Lunch," Academy of Management Journal 57, no. 2, 2014, p405 – 421.
- Martin E. P. Seligman, Paul R. Verkuil, Terry H. Kang, "Why Lawyers Are Unhappy," Cardozo Law Review 23, no. 1, 2001, p33 – 54.

- William W. Eaton 외, "Occupations and the Prevalence of Major Depressive Disorder," Journal of Occupational and Environmental Medicine 32, no. 11, 1990, p1079 – 1087.
- Lawrence S. Krieger, Kennon M. Sheldon, "What Makes Lawyers Happy? Transcending the Anecdotes with Data from 6200 Lawyers," George Washington University Law Review 83, no. 2, 2015, p554 – 627.
- CareerBliss, "The Happiest Jobs in 2017," Forbes, https://www.forbes.com/pictures/58c6d2f231358e1a35ace4cf/the-happiest-jobs-in-2017/#24851d8b6a89
- Danish Ministry of the Environment, Happiness Research Institute, "Job Satisfaction Index 2017," https://docs.wixstatic.com/ugd/928487_f752364b0a43488c8c767532c0de4926.pdf
- Ruut Veenhoven, "Informed Pursuit of Happiness: What We Should Know, Do Know and Can Get to Know," Journal of Happiness Studies 16, no. 4, 2015, p1035 – 1071.
- Ruut Veenhoven, Findings on Happiness & Retirement (World Database of Happiness, Subject code R3, 2009), http://www.academia.edu/27197961/Findings_on_Happiness_and_Retirement
- Susan Rohwedder, Robert J. Willis, "Mental Retirement," The Journal of Economic Perspectives: A Journal of the American Economic Association 24, no. 1, 2010, p119 – 138.
- Gina Kolata, "Taking Early Retirement May Retire Memory, Too," New York Times, October 11, 2010.
- Lorenza S. Colzato, Ayca Ozturk, Bernhard Hommel, "Meditate to Create: The Impact of Focused-Attention and Open-Monitoring Training on Convergent and Divergent Thinking," Frontiers in Psychology 3, 2012, p116.
- N. Hartfiel 외, "Yoga for Reducing Perceived Stress and Back Pain at Work," Occupational Medicine 62, no. 8, 2012, p606 – 612.
- Sandie McHugh 외, "Everyday Leisure and Happiness in Worktown: A

Comparison of 1938 and 2014," World Leisure Journal 58, no. 4, 2016, p276 – 284.

- Miao Wang, M. C. Sunny Wong, "Happiness and Leisure Across Countries: Evidence from International Survey Data," Journal of Happiness Studies 15, no. 1, 2014, p85 – 118.
- Wang, Wong, "Happiness and Leisure Across Countries."
- Carey Knecht, "Urban Nature and Well-Being: Some Empirical Support and Design Implications," Berkeley Planning Journal 17, no. 1, 2004.
- Liisa Tyrvainen 외, "The Influence of Urban Green Environments on Stress Relief Measures: A Field Experiment," Journal of Environmental Psychology 38, 2014, p1 –9.
- Knecht, "Urban Nature and Well-Being."
- Roger S. Ulrich 외, "Stress Recovery During Exposure to Natural and Urban Environments," Journal of Environmental Psychology 11, no. 3, 1991, p201 – 230.
- Haifang Huang, Brad R. Humphreys, "Sports Participation and Happiness: Evidence from US Microdata," Journal of Economic Psychology 33, no. 4, 2012, p776 – 793.
- Shea M. Balish, Dan Conacher, Lori Dithurbide, "Sport and Recreation Are Associated with Happiness Across Countries," Research Quarterly for Exercise and Sport 87, no. 4, 2016, p382 – 388.
- Andrew W. Bailey, Irene K. Fernando, "Routine and Project-Based Leisure, Happiness, and Meaning in Life," Journal of Leisure Research, 2012, p139 – 154.
- Hal E. Hershfield, Cassie Mogilner, Uri Barnea, "People Who Choose Time Over Money Are Happier," Social Psychological and Personality Science 7, no. 7, 2016, p697 – 706.
- Ryan T. Howell, Paulina Pchelin, Ravi Iyer, "The Preference for Experiences Over Possessions: Measurement and Construct Validation of the Experiential

Buying Tendency Scale," Journal of Positive Psychology 7, no. 1, 2012, p57–71.

- Leaf Van Boven, Thomas Gilovich, "To Do or to Have? That Is the Question," Journal of Personality and Social Psychology 85, no. 6, 2003, p1193–1202.
- Jessica De Bloom, Sabine A. E. Geurts, Michiel A. J. Kompier, "Vacation (After-) Effects on Employee Health and Well-Being, and the Role of Vacation Activities, Experiences and Sleep," Journal of Happiness Studies 14, no. 2, 2013, p613–633.
- Jeroen Nawijn 외, "Vacationers Happier, But Most Not Happier After a Holiday," Applied Research in Quality of Life 5, no. 1, 2010, p35–47.
- Ed O'Brien, Ellen Roney, "Worth the Wait? Leisure Can Be Just as Enjoyable with Work Left Undone," Psychological Science 28, no. 7, 2017, p1000–1015, https://doi.org/10.1177/0956797617701749.
- Richard M. Ryan, Jessey H. Bernstein, Kirk Warren Brown, "Weekends, Work, and Well-Being: Psychological Need Satisfactions and Day of the Week Effects on Mood, Vitality, and Physical Symptoms," Journal of Social and Clinical Psychology 29, no. 1, 2010, p95–122.
- 셰인 J. 로페즈, 릭 스나이더, 이희경 옮김, 『긍정 심리학 핸드북』, 학지사, 2008, Jeanne Nakamura, Mihaly Csikszentmihalyi, "Flow Theory and Research"
- Charles J. Walker, "Experiencing Flow: Is Doing It Together Better Than Doing It Alone?," Journal of Positive Psychology 5, no. 1, 2010, p3–11.
- Christopher D. Jones 외, "Validation of the Flow Theory in an On-Site Whitewater Kayaking Setting," Journal of Leisure Research 32, no. 2, 2000, p247–261.
- Jill Riley, Betsan Corkhill, Clare Morris, "The Benefits of Knitting for Personal and Social Wellbeing in Adulthood: Findings from an International Survey," British Journal of Occupational Therapy 76, no. 2, 2013, p50–57.
- Emily L. Burt, Jacqueline Atkinson, "The Relationship Between Quilting and Wellbeing," Journal of Public Health 34, no. 1, 2011, p54–59.

- Rene T. Proyer, "The Well-Being of Playful Adults: Adult Playfulness, Subjective Well-Being, Physical Well-Being, and the Pursuit of Enjoyable Activities," European Journal of Humour Research 1, no. 1, 2013, p84 –98.
- Paul McGhee, Humor as Survival Training For a Stressed-Out World: The 7 Humor Habits Program, Author House, 2010.
- Shelley A. Crawford, Nerina J. Caltabiano, "Promoting Emotional Well-Being Through the Use of Humour," Journal of Positive Psychology 6, no. 3, 2011, p237 –252.
- Thomas E. Ford, Katelyn A. McCreight, Kyle Richardson, "Affective Style, Humor Styles and Happiness," Europe's Journal of Psychology 10, no. 3, 2014, p451 –463.
- Sheena S. Iyengar, Mark R. Lepper, "When Choice Is Demotivating: Can One Desire Too Much of a Good Thing?," Journal of Personality and Social Psychology 79, no. 6, 2000, p995 –1006.
- Robin Dunbar, "Friends on Tap: The Role of Pubs at the Heart of the Community," Oxford: Campaign for Real Ale. http://www.camra.org.uk/documents/10180/36197/Friends+on+Tap/2c68585b-e47d-42ca-bda6-5d6b3e4c0110
- Yuna L. Ferguson, Kennon M. Sheldon, "Trying to Be Happier Really Can Work: Two Experimental Studies," Journal of Positive Psychology 8, no. 1, 2013, p23 –33.
- Yoshiro Tsutsui, "Weather and Individual Happiness," Weather, Climate, and Society 5, no. 1, 2013, p70 –82.
- Dylan Wiwad, Lara B. Aknin, "Self-Focused Motives Undermine the Emotional Rewards of Recalled Prosocial Behavior," 2017, https://doi.org/10.17605/OSF.IO/96QWA.
- J. M. Gottman, What Predicts Divorce? The Relationship Between Marital Processes and Marital Outcomes, Lawrence Erlbaum Associates, 1994.
- Sharon Sassler, Fenaba R. Addo, Daniel T. Lichter, "The Tempo of Sexual

Activity and Later Relationship Quality," Journal of Marriage and Family 74, no. 4, 2012, p708 – 725.

- John Gottman, Julie Gottman, "The Natural Principles of Love," Journal of Family Theory & Review 9, no. 1, 2017, p7 – 26.
- Kristin Ohlson, "The Einstein of Love," Psychology Today, September 1, 2015.
- Terri L. Orbuch, 5 Simple Steps to Take Your Marriage from Good to Great, Delacorte Press, 2009, p88 – 89.
- Shelly L. Gable, Gian C. Gonzaga, Amy Strachman, "Will You Be There For Me When Things Go Right? Supportive Responses to Positive Event Disclosures," Journal of Personality and Social Psychology 91, no. 5, 2006, p904 – 917.
- Jill M. Logan, Rebecca J. Cobb, "Benefits of Capitalization in Newlyweds: Predicting Marital Satisfaction and Depression Symptoms," Journal of Social and Clinical Psychology 35, no. 2, 2016, p87 – 106.
- J. Flora, C. Segrin, "Relationship Development in Dating Couples: Implications for Relational Satisfaction and Loneliness," Journal of Social and Personal Relationships 17, no. 6, 2000, p811 – 825.
- American Academy of Sleep Medicine, "Poor Sleep Is Associated with Lower Relationship Satisfaction in Both Women and Men," ScienceDaily, June 15, 2009.
- Rose McDermott, James H. Fowler, Nicholas A. Christakis, "Breaking Up Is Hard to Do, Unless Everyone Else Is Doing It Too: Social Network Effects on Divorce in a Longitudinal Sample," Social Forces 92, no. 2, 2013, p491 – 519.
- Jane Dokko, Geng Li, Jessica Hayes, "Credit Scores and Committed Relationships," FEDS Working Paper No. 2015-081, http://dx.doi.org/10.17016/FEDS.2015.081.
- Wendy Klein, Carolina Izquierdo, Thomas N. Bradbury, "Working Relationships: Communicative Patterns and Strategies Among Couples in Everyday Life," Qualitative Research in Psychology 4, no. 1-2, 2007, p29 – 47.
- A. Gewirtz-Meydan, R. Finzi-Dottan, (2017), "Sexual Satisfaction Among

Couples: The Role of Attachment Orientation and Sexual Motives,"Journal of Sex Research, February 2017, https://doi.org/10.1080/00224499.2016.1276880.

- Scott I. Rick, Deborah A. Small, Eli J. Finkel, "Fatal (Fiscal) Attraction: Spendthrifts and Tightwads in Marriage,"Journal of Marketing Research 48, no. 2, 2011, p228 – 237.
- Benjamin H. Seider 외, "We Can Work It Out: Age Differences in Relational Pronouns, Physiology, and Behavior in Marital Conflict," Psychology and Aging 24, no. 3, 2009, p604 – 613.
- S. A. Vannier, L. F. O'Sullivan, "Passion, Connection and Destiny: How Romantic Expectations Help Predict Satisfaction and Commitment in Young Adults' Dating Relationships,"Journal of Social and Personal Relationships, 34, 2017, p235 – 257, https://doi.org/10.1177/0265407516631156
- Sandra L. Murray 외, "Tempting Fate or Inviting Happiness? Unrealistic Idealization Prevents the Decline of Marital Satisfaction," Psychological Science. 22, no. 5, 2011, p619 – 626, https://doi.org/10.1177/0956797611403155
- Kim Therese Buehlman, John Mordechai Gottman, Lynn Fainsilber Katz, "How a Couple Views Their Past Predicts Their Future: Predicting Divorce from an Oral History Interview,"Journal of Family Psychology 5, no. 3-4, 1992, p295 – 318.
- Geoffrey L. Grief, Kathleen Holtz Deal, Two Plus Two: Couples and Their Couple Friendships, Routledge, 2012.
- John H. Harvey, Amy Wenzel Close Romantic Relationships: Maintenance and Enhancement, Lawrence Erlbaum Associates, 2001, Arthur Aron, Christina C. Norman, Elaine N. Aron, "Shared Self-Expanding Activities as a Means of Maintaining and Enhancing Close Romantic Relationships"
- Ting Zhang 외, "A 'Present' for the Future: The Unexpected Value of Rediscovery," Psychological Science 25, no. 10, 2014, p1851 – 1860.
- Tara Parker-Pope, "Sex and the Long-Term Relationship," New York Times, March 22, 2011.

- Ping Dong, Xun Huang, Chen-Bo Zhong, "Ray of Hope: Hopelessness Increases Preferences for Brighter Lighting," Social Psychological and Personality Science 6, no. 1, 2015, p84-91.
- Rikard Kuller 외, "The Impact of Light and Colour on Psychological Mood: A Cross-Cultural Study of Indoor Work Environments," Ergonomics 49, no. 14, 2006, p1496-1507.
- M. Boubekri 외, "Impact of Workplace Daylight Exposure on Sleep, Physical Activity, and Quality of Life," SLEEP (American Academy of Sleep Medicine) 36, 2013, p30.
- "Blue Light Has a Dark Side," Harvard Health Letter, September 2, 2015.
- Virginie Gabel 외, "Effects of Artificial Dawn and Morning Blue Light on Daytime Cognitive Performance, Well-Being, Cortisol and Melatonin Levels," Chronobiology International 30, no. 8, 2013, p988-997.
- Mohamed Boubekri, Robert B. Hull, Lester L. Boyer, "Impact of Window Size and Sunlight Penetration on Office Workers' Mood and Satisfaction: A Novel Way of Assessing Sunlight," Environment and Behavior 23, no. 4, 1991, p474-493.
- Kathleen Vohs, Aparna Labroo, Ravi Dhar, "The Upside of Messy Surroundings: Cueing Divergent Thinking, Problem Solving, and Increasing Creativity," NA - Advances in Consumer Research (Association for Consumer Research) 44, 2016, p264-268.
- Roger S. Ulrich, "Effects of Interior Design on Wellness: Theory and Recent Scientific Research," Journal of Health Care Interior Design 3, 1991, p97-109.
- Kemal Yildirim, Kemal, M. Lutfi Hidayetoglu, Aysen Capanoglu, "Effects of Interior Colors on Mood and Preference: Comparisons of Two Living Rooms," Perceptual and Motor Skills 112, no. 2, 2011, p509-524.
- Joan Meyers-Levy, Rui Zhu, "The Influence of Ceiling Height: The Effect of Priming on the Type of Processing That People Use," Journal of Consumer Research 34, no. 2, 2007, p174-186.

- Moshe Bar, Maital Neta, "Humans Prefer Curved Visual Objects," Psychological Science 17, no. 8, 2006, p645 –648.
- Pablo Brinol 외, "Treating Thoughts as Material Objects Can Increase or Decrease Their Impact on Evaluation," Psychological Science 24, no. 1, 2013, p41 –47.
- Michael I. Norton, Daniel Mochon, Dan Ariely, "The IKEA Effect: When Labor Leads to Love," Journal of Consumer Psychology 22, no. 3, 2012, p453 –460.
- Jeannette Haviland-Jones 외, "An Environmental Approach to Positive Emotion: Flowers," Evolutionary Psychology 3, no. 1, 2005, p104 –132, https://doi.org/10.1177/147470490500300109.
- Ernest O. Moore, "A Prison Environment's Effect on Health Care Service Demands," Journal of Environmental Systems 11, no. 1, 1981, p17 –34.
- Roger Ulrich, "View through a Window May Influence Recovery," Science 224, no. 4647, 1984, p420 –421.
- Carolyn M. Tennessen, Bernadine Cimprich, "Views to Nature: Effects on Attention," Journal of Environmental Psychology 15, no. 1, 1995, p77 –85.
- Dan King, Chris Janiszewski, "Affect-Gating," Journal of Consumer Research, 38, no. 4, 2011, p697 –711.
- Karen J. Sherman 외, "Effectiveness of Therapeutic Massage For Generalized Anxiety Disorder: A Randomized Controlled Trial," Depression and Anxiety 27, no. 5, 2010, p441 –450.
- John P. Robinson, Steven Martin, "What Do Happy People Do?," Social Indicators Research 89, no. 3, 2008, p565 –571.
- Aaron C. Weidman, Elizabeth W. Dunn, "The Unsung Benefits of Material Things: Material Purchases Provide More Frequent Momentary Happiness Than Experiential Purchases," Social Psychological and Personality Science 7, no. 4, 2016, p390 –399.
- Kimberly A. Rollings, Nancy M. Wells, "Effects of Floor Plan Openness on Eating Behaviors," Environment and Behavior 49, no. 6, 2016, p663 –684,

https://doi.org/10.1177/0013916516661822.

- Lars E. Olsson 외, "Happiness and Satisfaction with Work Commute," Social Indicators Research 111, no. 1, 2013, p255 – 263.
- Rosie Murray-West, "What Makes a Happy Home?," The Telegraph, March 27, 2017, http://www.telegraph.co.uk/tv/rich-house-poor-house/what-makes-a-happy-home/.
- Jeffrey C. Jacob, Merlin B. Brinkerhoff, "Mindfulness and Subjective Well-Being in the Sustainability Movement: A Further Elaboration of Multiple Discrepancies Theory," Social Indicators Research 46, no. 3, 1999, p341 – 368.
- Jing Jian Xiao, Haifeng Li, "Sustainable Consumption and Life Satisfaction," Social Indicators Research 104, no. 2, 2011, p323 – 329.
- Xavier Landes 외, Sustainable Happiness: Why Waste Prevention May Lead to an Increase in Quality of Life, Happiness Research Institute, 2015.
- R. Dunbar, How Many Friends Does One Person Need?: Dunbar's Number and Other Evolutionary Quirks, Harvard University Press, 2010.
- Dunbar, R. I. M. "Mind the Gap: Or Why Humans Aren't Just Great Apes," Proceedings of the British Academy 154, 2008, p403 – 423.
- James H. Fowler, Nicholas A. Christakis, "Dynamic Spread of Happiness in a Large Social Network" BMJ 337, 2008, a2338.
- Jasper H. B. de Groot 외, "A Sniff of Happiness," Psychological Science 26, no. 6, 2015, p684 – 700.
- Harry T. Reis 외, "Familiarity Does Indeed Promote Attraction in Live Interaction," Journal of Personality and Social Psychology 101, no. 3, 2011, p557.
- Arthur Aron 외, "The Experimental Generation of Interpersonal Closeness: A Procedure and Some Preliminary Findings," Personality and Social Psychology Bulletin 23, no. 4, 1997, p363 – 377.
- Harry Weger Jr. 외, "The Relative Effectiveness of Active Listening in Initial Interactions," International Journal of Listening, 28, no.1, 2014, p13 – 31.

- M. Demir, L. A. Weitekamp, "I Am So Happy 'Cause Today I Found My Friend: Friendship and Personality as Predictors of Happiness," Journal of Happiness Studies, 8, no. 2, 2007, p181 – 211.
- G. M. Sandstrom, E. W. Dunn, "Social Interactions and Well-Being: The Surprising Power of Weak Ties," Personality & Social Psychology Bulletin 40, no. 7, 2014, p910 – 922.
- Demir, Weitekamp, "I Am So Happy."
- J. E. Perry-Smith, "Social Yet Creative: The Role of Social Relationships in Facilitating Individual Creativity," Academy of Management Journal 49, no. 1, 2006, p85 – 101.
- Patricia M. Sias, Daniel J. Cahill, "The Development of Peer Friendships in the Workplace," Western Journal of Communication 62, no. 3, 1998, p273 – 299.
- Lara B. Akins, J. Kiley Hamlin, Elizabeth W. Dunn, "Giving Leads to Happiness in Young Children," June 14, 2012, http://journals.plos.org/plosone/article?id=10.1371/journal.pone.0039211
- Cindy Chan, Cassie Mogilner, "Experiential Gifts Foster Stronger Social Relationships Than Material Gifts," Journal of Consumer Research 43, no. 6, 2017, p913 – 931.
- Craig D. Parks, Asako B. Stone, "The Desire to Expel Unselfish Members from the Group," Journal of Personality and Social Psychology 99, no. 2, 2010, p303.
- C. Anderson 외, "The Local-Ladder Effect: Social Status and Subjective Well-Being," Psychological Science, 23, 2012, https://doi.org/10.1177/0956797611434537.
- Daniel Goleman, "How to Be Emotionally Intelligent," New York Times, April 12, 2015.
- R. Kowalski 외, "Pet Peeves and Happiness: How Do Happy People Complain?," Journal of Social Psychology 154, no. 4, 2014, p278 – 282.
- E. Demerouti, R. Cropanzano, "The Buffering Role of Sportsmanship on the Effects of Daily Negative Events," European Journal of Work and

Organizational Psychology, 26, no. 2, 2017, p263 – 274.
- 가이 윈치, 윤미나 옮김, 『불평하라』, 문학동네, 2012
- R. Fehr, M. Gelfand, "When Apologies Work: How Matching Apology Components to Victims' Self-Construals Facilitates Forgiveness," Organizational Behavior and Human Decision Processes 113, no. 1, 2010, p37 – 50.
- Meliksah Demir, Ingrid Davidson, "Toward a Better Understanding of the Relationship Between Friendship and Happiness: Perceived Responses to Capitalization Attempts, Feelings of Mattering, and Satisfaction of Basic Psychological Needs in Same-Sex Best Friendships as Predictors of Happiness," Journal of Happiness Studies 14, no. 2, 2013, p525 – 550.
- M. Argyle, M. Henderson, "The Rules of Friendship," Journal of Social and Personal Relationships 1, no. 2, 1984, p211 – 237.
- D. L. Sollie, J. L. Fischer, "Career Entry Influences on Social Networks of Young Adults: A Longitudinal Study," Journal of Social Behavior & Personality 3, no. 4, 1988, p205 – 225.
- J. Thrul, E. Kuntsche, "The Impact of Friends on Young Adults' Drinking Over the Course of the Evening—An Event-Level Analysis," Addiction 110, no. 4, 2015, p619 – 626.
- Cheryl J. Hansen, Larry C. Stevens, J. Richard Coast, "Exercise Duration and Mood State: How Much Is Enough to Feel Better?," Health Psychology 20, no. 4, 2001, p267 – 275.
- Thomas Bossmann 외, "The Association Between Short Periods of Everyday Life Activities and Affective States: A Replication Study Using Ambulatory Assessment," Frontiers in Psychology 4, 2013, https://doi.org/10.3389/fpsyg.2013.00102.
- Brett Klika, Chris Jordan, "High-Intensity Circuit Training Using Body Weight: Maximum Results with Minimal Investment," ACSM's Health & Fitness Journal 17, no. 3, 2013, p8 – 13.

- Courtney A. Rocheleau 외, "Moderators of the Relationship Between Exercise and Mood Changes: Gender, Exertion Level, and Workout Duration," Psychology & Health 19, no. 4, 2004, p491 – 506.
- Lawrence E. Armstrong 외, "Mild Dehydration Affects Mood in Healthy Young Women," Journal of Nutrition 142, no. 2, 2012, p382 – 388.
- Motoko Kawashima 외, "Associations Between Subjective Happiness and Dry Eye Disease: A New Perspective from the Osaka Study," PLoS ONE 10, no. 4, 2015, e0123299.
- Nancy L. Galambos 외, "Up, Not Down: The Age Curve in Happiness from Early Adulthood to Midlife in Two Longitudinal Studies," Developmental Psychology 51, no. 11, 2015, p1664.
- Laura L. Carstensen, Joseph A. Mikels, "At the Intersection of Emotion and Cognition: Aging and the Positivity Effect," Current Directions in Psychological Science 14, no. 3, 2005, p117 – 121.
- Erikka Loftfield, Neal D. Freedman, "Higher Coffee Consumption Is Associated with Lower Risk of All-Cause and Cause-Specific Mortality in Three Large Prospective Cohorts," Evidence-Based Medicine 21 no.3, 2016, p108.
- Merideth A. Addicott, Paul J. Laurienti, "A comparison of the Effects of Caffeine Following Abstinence and Normal Caffeine Use," Psychopharmacology 207, no. 3, 2009, p423 – 431.
- Redzo Mujcic, Andrew J. Oswald, "Evolution of Well-Being and Happiness After Increases in Consumption of Fruit and Vegetables," American Journal of Public Health 106, no. 8, 2016, p1504 – 1510.
- Almudena Sanchez-Villegas 외, "Mediterranean Dietary Pattern and Depression: The PREDIMED Randomized Trial," BMC Medicine 11, no. 208, 2013.
- Andrea N. Goldstein, Matthew P. Walker, "The Role of Sleep in Emotional Brain Function," Annual Review of Clinical Psychology 10, 2014, p679 – 708.
- Daniel F. Kripke 외, "Mortality Associated with Sleep Duration and Insomnia,"

Archives of General Psychiatry 59, 2002, p131 – 136.

- Daniel F. Kripke 외, "Mortality Hazard Associated with Prescription Hypnotics," Biological Psychiatry 43, no. 9, 1998, p687 – 693.
- Hee-Jin Im 외, "Association Between Weekend Catch-Up Sleep and Lower Body Mass: Population-Based Study," Journal of Sleep and Sleep Disorders Research 40 no. 7, 2017, https://doi.org/10.1093/sleep/zsx089.
- Arran, Davis, Jacob Taylor, Emma Cohen, "Social Bonds and Exercise: Evidence For a Reciprocal Relationship," PLoS ONE 10, no. 8, 2015, e0136705.
- Brian P. Meier, Sabrina W. Noll, Oluwatobi J. Molokwu, "The Sweet Life: The Effect of Mindful Chocolate Consumption on Mood," Appetite 108, 2017, p21 – 27.
- Jingwen Zhang 외, "Support or Competition? How Online Social Networks Increase Physical Activity: A Randomized Controlled Trial," Preventive Medicine Reports 4, 2016, p453 – 458.
- Lora E. Burke, Jing Wang, Mary Ann Sevick, "Self-Monitoring in Weight Loss: A Systematic Review of the Literature," Journal of the American Dietetic Association 111, no. 1, 2011, p92 – 102.
- Ta-Chien Chan 외, "ClickDiary: Online Tracking of Health Behaviors and Mood," Journal of Medical Internet Research 17, no. 6, 2015, e147, https://doi.org/10.2196/jmir.4315.
- Neal Lathia 외, "Happier People Live More Active Lives: Using Smartphones to Link Happiness and Physical Activity," PLoS ONE 12, no. 1, 2017, e0160589.
- Sheldon Cohen 외, "Positive Emotional Style Predicts Resistance to Illness After Experimental Exposure to Rhinovirus or Influenza a Virus," Psychosomatic Medicine 68, no. 6, 2006, p809 – 815.
- Viren Swami 외, "Associations Between Women's Body Image and Happiness: Results of the YouBeauty.com Body Image Survey (YBIS)," Journal of Happiness Studies 16, no. 3, 2015, p705 – 718.
- C. F. Gordon, L. P. Juang, M. Syed, "Internet Use and Well-Being Among

College Students: Beyond Frequency of Use,"Journal of College Student Development 48, no. 6, 2007, p674 – 688.
- R. W. Kubey, M. J. Lavin, J. R. Barrows, "Internet Use and Collegiate Academic Performance Decrements: Early Findings,"Journal of Communication 51, no. 2, 2001, p366 – 382.
- Thomas Jackson, Ray Dawson, Darren Wilson, "Case Study: Evaluating the Effect of Email Interruptions Within the Workplace,"Proceedings of Conference on Empirical Assessment in Software Engineering, Keele University, 2002, https://dspace.lboro.ac.uk/2134/489.
- B. Goncalves, N. Perra, A. Vespignani, "Modeling Users' Activity on Twitter Networks: Validation of Dunbar's Number,"PLoS ONE 6, no. 8, 2011, e22656.
- C. Coccia, C. A. Darling, "Having the Time of Their Life: College Student Stress, Dating and Satisfaction with Life,"Stress and Health 32, no. 1, 2016, p28 – 35.
- Samantha Joel, Paul W. Eastwick, Eli J. Finkel, "Is Romantic Desire Predictable? Machine Learning Applied to Initial Romantic Attraction," Psychological Science 29 no. 10, 2017, p1478 – 1489, https://doi.org/10.1177/0956797617714580.
- Morten Tromholt, "The Facebook Experiment: Quitting Facebook Leads to Higher Levels of Well-Being,"Cyberpsychology, Behavior, and Social Networking 19, no. 11, 2016, p661 – 666.
- Lori Cluff Schade 외, "Using Technology to Connect in Romantic Relationships: Effects on Attachment, Relationship Satisfaction, and Stability in Emerging Adults,"Journal of Couple and Relationship Therapy 12, no. 4, 2013, p314 – 338.
- Lijuan Yin, "Communication Channels, Social Support and Satisfaction in Long Distance Romantic Relationships,"master's thesis, Georgia State University, 2009, https://scholarworks.gsu.edu/communication_theses/56.
- A. Lepp, J. E. Barkley, A. C. Karpinski, "The Relationship Between Cell Phone Use, Academic Performance, Anxiety, and Satisfaction with Life in College

Students," Computers in Human Behavior 31, 2014, p343 – 350.

- Lepp, Barkley, Karpinski, "Relationship Between Cell Phone Use."
- Moira Burke, Robert E. Kraut, "The Relationship Between Facebook Use and Well?Being Depends on Communication Type and Tie Strength," Journal of Computer-Mediated Communication 21, no. 4, 2016, p265 – 281.
- N. B. Ellison, C. Steinfield, C. Lampe, "The Benefits of Facebook 'Friends': Social Capital and College Students' Use of Online Social Network Sites," Journal of Computer-Mediated Communication 12, no. 4, 2007, p1143 – 1168.
- Erin A. Vogel 외, "Social Comparison, Social Media, and Self-Esteem," Psychology of Popular Media Culture 3, no. 4, 2014, p206 – 222.
- Leon Festinger, "A Theory of Social Comparison Processes," Human Relations 7, no. 2, 1954, p117 – 140.
- James Hamblin, "The Psychology of Healthy Facebook Use: No Comparing to Other Lives," The Atlantic, April 8, 2015.
- Younbo Jung 외, "Games for a Better Life: Effects of Playing Wii Games on the Well-Being of Seniors in a Long-Term Care Facility," Proceedings of the Sixth Australasian Conference on Interactive Entertainment, 2009, https://doi.org/10.1145/1746050.1746055.
- Yu Chen, Gloria Mark, Sanna Ali, "Promoting Positive Affect Through Smartphone Photography," Psychology of Well-Being 6, no. 1, 2016, p8.
- B. S. Frey, C. Benesch, "TV, Time and Happiness," Homo Oeconomicus 25, no. 3/4, 2008, p12.
- Sarah Gomillion 외, "Let's Stay Home and Watch TV: The Benefits of Shared Media Use For Close Relationships," Journal of Social and Personal Relationships, 2016, https://doi.org/10.1177/0265407516660388.
- Brian J. L. Berry, Adam Okulicz-Kozaryn, "An Urban-Rural Happiness Gradient," Urban Geography 32, no. 6, 2011, p871 – 883.
- 에드워드 글레이저, 이진원 옮김, 『도시의 승리: 도시는 어떻게 인간을 더 풍요롭고 행복하게 만들었나?』, 해냄, 2011

- Dimitris Ballas, "What Makes a 'Happy City'?," Cities 32, 2013, S39 – 50.
- John L. Girt, "The Geography of Social Well-Being in the United States: An Introduction to Territorial Social Indicators," Social Indicators Research 1, no. 2, 1974, p257 – 259.
- Jennifer Roback, "Wages, Rents, and Amenities: Differences Among Workers and Regions," Economic Inquiry 26, no. 1, 1988, p23 – 41.
- John F. Helliwell, Haifang Huang, Shun Wang, "The Social Foundations of World Happiness," World Happiness Report 2017 Sustainable Development Solutions Network, 2017, p8 – 46.
- Shigehiro Oishi, Selin Kesebir, Ed Diener, "Income Inequality and Happiness," Psychological Science 22, no. 9, 2011, p1095 – 1100.
- 리처드 윌킨슨, 케이트 피킷, 전재웅 옮김, 『평등이 답이다: 왜 평등한 사회는 늘 바람직한가?』, 이후, 2012
- Wim Kalmijn, Ruut Veenhoven, "Index of Inequality-Adjusted Happiness (IAH) Improved: A Research Note," Journal of Happiness Studies 15, no. 6, 2014, p1259 – 1265.
- Jeanne L. Tsai, "Ideal Affect: Cultural Causes and Behavioral Consequences," Perspectives on Psychological Science 2, no. 3, 2007, p242 – 259.
- Eunkook Suh 외, "The Shifting Basis of Life Satisfaction Judgments Across Cultures: Emotions Versus Norms," Journal of Personality and Social Psychology 74, no. 2, 1998, p482 – 493.
- 아마르티아 센, 김원기 옮김, 『자유로서의 발전』, 갈라파고스, 2013
- Georgios Kavetsos, Stefan Szymanski, "National Well-Being and International Sports Events," Journal of Economic Psychology 31, no. 2, 2010, p158 – 171.
- Mary C. Daly 외, "Dark Contrasts: The Paradox of High Rates of Suicide in Happy Places," Journal of Economic Behavior and Organization 80, no. 3, 2011, p435 – 442.
- Jordi Quoidbach 외, "Emodiversity and the Emotional Ecosystem," Journal of Experimental Psychology: General 143, no. 6, 2014, p2057 – 2066.

- Anthony D. Ong 외, "Emodiversity and Biomarkers of Inflammation," Emotion, 2017, https://doi.org/10.1037/emo0000343.
- Jonathan M. Adler, Hal E. Hershfield, "Mixed Emotional Experience Is Associated with and Precedes Improvements in Psychological Well-Being," PLoS ONE 7, no. 4, 2012, e35633.
- Jonathan W. Schooler, Dan Ariely, George Loewenstein, "The Pursuit and Assessment of Happiness Can Be Self-Defeating," The Psychology of Economic Decisions 1, 2003, p41 – 70.
- Iris B. Mauss 외, "Can Seeking Happiness Make People Unhappy? Paradoxical Effects of Valuing Happiness," Emotion 11, no. 4, 2011, p807 – 815.
- June Gruber, Iris B. Mauss, Maya Tamir, "A Dark Side of Happiness? How, When, and Why Happiness Is Not Always Good," Perspectives on Psychological Science 6, no. 3, 2011, p222 – 233.
- Jill T. Levitt 외, "The Effects of Acceptance Versus Suppression of Emotion on Subjective and Psychophysiological Response to Carbon Dioxide Challenge in Patients with Panic Disorder," Behavior Therapy 35, no. 4, 2004, p747 – 766.
- Adam M. Grant, Barry Schwartz, "Too Much of a Good Thing: The Challenge and Opportunity of the Inverted U," Perspectives on Psychological Science, 6, no. 1, 2011, p61 – 76.
- M. A. Cyders, G. T. Smith, "Emotion-Based Dispositions to Rash Action: Positive and Negative Urgency," Psychological Bulletin 134, 2008, p807 – 828.
- Howard S. Friedman 외, "Does Childhood Personality Predict Longevity?," Journal of Personality and Social Psychology 65, no. 1, 1993, p176-185.
- Joseph P. Forgas, Rebekah East, "On Being Happy and Gullible: Mood Effects on Skepticism and the Detection of Deception," Journal of Experimental Social Psychology 44, no. 5, 2008, p1362 – 1367.
- Lauren B. Alloy, Lyn Y. Abramson, "Judgment of Contingency in Depressed and Nondepressed Students: Sadder But Wiser?," Journal of Experimental Psychology: General 108, no. 4, 1979, p441 – 485.

- Barbara L. Fredrickson, Marcial F. Losada, "Positive Affect and the Complex Dynamics of Human Flourishing," American Psychologist 60, no. 7, 2005, p678 – 686.
- Mark A. Davis, "Understanding the Relationship Between Mood and Creativity: A Meta-Analysis," Organizational Behavior and Human Decision Processes 108, no. 1, 2009, p25 – 38.
- Richard P. Bentall, "A Proposal to Classify Happiness as a Psychiatric Disorder," Journal of Medical Ethics 18, no. 2, 1992, p94 – 98.
- June Gruber, Iris B. Mauss, Maya Tamir, "A Dark Side of Happiness? How, When, and Why Happiness Is Not Always Good," Perspectives on Psychological Science 6, no. 3, 2011, p222 – 233.
- Gruber, Mauss, Tamir, "A Dark Side of Happiness?"
- Hui Bing Tan, Joseph P. Forgas, "When Happiness Makes Us Selfish, But Sadness Makes Us Fair: Affective Influences on Interpersonal Strategies in the Dictator Game," Journal of Experimental Social Psychology 46, no. 3, 2010, p571 – 576.
- Gerben A. Van Kleef, Carsten K. W. De Dreu, Antony S. R. Manstead. "The Interpersonal Effects of Anger and Happiness in Negotiations," Journal of Personality and Social Psychology 86, no. 1, 2004, p57 – 76.
- Shigehiro Oishi, Ed Diener, Richard E. Lucas, "The Optimum Level of Well-Being: Can People Be Too Happy?," Perspectives on Psychological Science 2, no. 4, 2007, p346 – 360.
- Maya Tamir, Brett Q. Ford, "Should People Pursue Feelings That Feel Good or Feelings That Do Good? Emotional Preferences and Well-Being," Emotion 12, no. 5, 2012, p1061 – 1070.
- Mark D. Seery, E. Alison Holman, Roxane Cohen Silver, "Whatever Does Not Kill Us: Cumulative Lifetime Adversity, Vulnerability, and Resilience," Journal of Personality and Social Psychology 99, no. 6, 2010, p1025 – 1041.
- M. Frank, P. Ekman, W. Friesen, "Behavioral Markers and Recognizability of

the Smile of Enjoyment," Journal of Personality and Social Psychology 64, no. 1, 1993, p83 – 93.

- T. M. Amabile, "Brilliant but Cruel: Perceptions of Negative Evaluators," Journal of Experimental Social Psychology 19, 1983, p146 – 156.
- R. F. Baumeister 외, "Bad Is Stronger Than Good," Review of General Psychology 5, no. 4, 2001, p323 – 370.

"행복해지고 싶다면 희망을 품게 만들 목표를 세워라."

– 앤드루 카네기Andrew Carnegie

옮긴이 구세희

한양 대학교 관광학과와 호주의 호텔경영 대학교(ICHM)를 졸업하고 국내외 호텔과 외국계 기업에서 근무하며 운영 관리 및 인사 업무를 담당했다. 번역에 매력을 느껴 과감히 하던 일을 그만둔 후 현재는 번역 전문 그룹인 바른번역 소속 번역가로 영어를 훌륭한 우리글로 옮기는 데 매진하고 있다. 옮긴 책으로는 『습관의 재발견』, 『원씽』, 『니얼 퍼거슨의 시빌라이제이션』, 『헤드헌터, 인생 제2막의 시작』, 『커넥티드 컴퍼니』, 『메소드 스타일』, 『소리로 팔아라』, 『평가제도를 버려라』, 『시민 권력』, 『결정, 흔들리지 않고 마음먹은 대로』 등이 있다.

이미 충분히 행복하지만 행복한 줄 모르는 사람들에게

나는 내가 행복했으면 좋겠어

초판 1쇄 발행 2019년 1월 18일
초판 2쇄 발행 2019년 5월 22일

지은이 앨릭스 파머
옮긴이 구세희
펴낸이 김선준

기획편집 문주영
편집팀장 마수미 **편집팀** 김수나, 채윤지
디자인 김미령
마케팅 오창록, 장혜선
외주 디자인 필요한 디자인

펴낸곳 포레스트북스 **출판등록** 2017년 9월 15일 제 2017-000326호
주소 서울시 마포구 동교로 64-9 2층
전화 02) 332-5855 **팩스** 02) 332-5856
홈페이지 www.forestbooks.co.kr **이메일** forest@forestbooks.co.kr
종이·출력·인쇄·후가공·제본 (주)현문

ISBN 979-11-89584-12-2 (03190)

• 책값은 뒤표지에 있습니다.
• 파본은 구입하신 서점에서 교환해드립니다.

• 이 도서의 국립중앙도서관 출판예정도서목록(CIP)은 서지정보유통지원시스템 홈페이지(http://seoji.nl.go.kr)와 국가자료공동목록시스템(http://www.nl.go.kr/kolisnet)에서 이용하실 수 있습니다.
(CIP제어번호: CIP2018043014)